Uli Röhm/Wilfried Voigt
Das Lohndumping-Kartell

Uli Röhm ist seit über 20 Jahren Fernsehjournalist beim ZDF in Mainz und einer der Gründungsredakteure des Wirtschaftsmagazins WISO. Er befasst sich mit Sozialpolitik und berichtet als Autor in zahlreichen Filmen, Artikeln und Büchern über Wirtschaftskriminalität.

Wilfried Voigt arbeitet seit mehr als 30 Jahren vor allem für Printmedien und war langjähriger *Spiegel*-Korrespondent. Er deckte viele Politik- und Medizinskandale auf und erhielt 1987 den Wächterpreis der Tagespresse. Heute lebt er als freier Journalist in Wiesbaden.

Uli Röhm/Wilfried Voigt

Das Lohndumping-Kartell

Großverlage bekämpfen den Post-Mindestlohn

VSA-Verlag Hamburg

www.vsa-verlag.de

Titelfoto: Demonstration von PIN-Beschäftigten in Berlin (Foto: dpa)
Druck und Buchbindearbeiten: Offizin Andersen Nexö, Leipzig
ISBN 978-3-89965-274-1

Inhalt

Das Lohndumping-Kartell

Verkehrte Welten: Da wird unter dubiosen Umständen eine neue Gewerkschaft ins Leben gerufen, die ihre Mitglieder nicht etwa für höhere, sondern niedrigere Löhne auf die Straße schickt. Da gelangt ein ehemaliger SPD-Sozialminister aus Rheinland-Pfalz an die Spitze eines neuen Arbeitgeberverbandes, dessen erklärtes Ziel nur noch darin besteht, einen Mindestlohn für die Briefbranche mit allen Mitteln zu verhindern. Und da entbrennt wenige Wochen vor der geplanten endgültigen Liberalisierung des Briefmarktes ein heftiger politischer Streit darüber, für wen die Gewerkschaft ver.di und der Arbeitgeberverband Postdienste überhaupt einen Mindestlohntarifvertrag vereinbaren dürfen. Da wirft der CSU-Bundeswirtschaftsminister falsche Zahlen ins Spiel, um existenzsichernde Entgelte für die betroffenen Arbeitnehmerinnen und Arbeitnehmer wieder zu Fall zu bringen – und zerreißt damit fast die große Koalition aus SPD und CDU/CSU. Was sind die Hintergründe?

Ende 2007 soll das Briefmonopol der Deutschen Post fallen. Bereits jetzt stehen eine Reihe von neuen Briefdienstleistern in den Startlöchern, um ein Geschäftsfeld zu erschließen, in dem es viel zu verdienen gibt: Mit Postdienstleistungen werden in Deutschland derzeit mehr als 23 Milliarden Euro umgesetzt. Die neoliberalen Befürworter der Öffnung des Briefmarkts locken mit angeblich neuen Arbeitsplätzen und erheblichen Einsparungen für die Kunden. Woher jedoch sollen die kommen? Denn anders als bei der Liberalisierung der Telekommunikation winken auf dem liberalisierten Briefmarkt zwar hohe Gewinne, aber keine neuen Geschäftsfelder. Der Briefmarkt gilt als stagnierendes Geschäft, bestenfalls als »Nullsummenspiel«. Marktanteile können hier nur erobert werden, wenn sie anderen abgejagt werden.

Bisher traten die neuen Anbieter nicht mit innovativen Produkten und besseren Dienstleistungen für die Postkunden in den Wettbewerb im Briefmarkt, sondern nur – das wird in diesem Büchlein zu zeigen sein – mit einem auf Lohn- und Sozialdumping basierenden Geschäftsmodell, das insbesondere von den großen Pressekonzernen der Republik betrieben und dank ihrer Medienmacht auch publizistisch begleitet wird.

Denn hinter den Big Playern der neuen Briefdienstleister stecken nicht irgendwelche »Heuschrecken«, sondern vor allem deutsche Großverlage, die die Liberalisierung des Briefmarktes nutzen wollen, um die von ihnen auf anderen Feldern verschlafenen Entwicklungen auf dem Pressemarkt auszugleichen.

Wer profitiert tatsächlich von dem angeblich eingesparten Briefporto? Kritische Studien und unsere Recherchen zeigen: Wenn die durch die Liberalisierung bei der Deutschen Post in der Briefsparte vernichteten Arbeitsplätze gegen die neu entstandenen Billigjobs gegengerechnet werden, dann sind bereits heute mehr als 12.000 Stellen weggefallen. Die Arbeitsbedingungen und die Löhne der neuen Briefdienstleister sind skandalös. In vielen Fällen liegt die Bezahlung der Minijobs auch nach langjähriger Berufstätigkeit weit unter dem von ver.di ausgehandelten tariflichen Einstiegsgehalt für Zustellkräfte bei der Deutschen Post AG. Viele der Beschäftigten bei den neuen Wettbewerbern können selbst bei Vollzeittätigkeit nicht einmal von ihrem Gehalt leben.

Und: Gegenwehr ist fast unmöglich, denn nur 3,5% aller Unternehmen in diesem Bereich haben einen Betriebsrat. Der Widerstand der Geschäftsleitungen gegen Mitbestimmung ist massiv, Betriebsratswahlen werden verhindert oder unterlaufen, Tarifverträge werden weitgehend missachtet.

Das vorläufig letzte Kapitel in Sachen Post-Mindestlohn: Die Union hat in dieser Frage zu Gunsten der mächtigen Verleger-Lobby entschieden. Bundeskanzlerin Angela Merkel und die CDU/CSU-Bundestagsfraktion beugten sich dem massiven Druck der privaten Postdienstleister. Entgegen anderslautender Zusagen lehnten die Konservativen die Aufnahme der zwischen ver.di und der Deutschen Post AG ausgehandelten Mindestlöhne von acht bis 9,80 Euro ins Entsendegesetz ab. Während der Sitzung des Koalitionsausschusses in der Nacht zum 13. November 2007 wollten die Christdemokraten plötzlich nicht mehr als acht Euro akzeptieren. SPD-Chef Kurt Beck zeigte sich »geradezu perplex« über diesen Vorschlag, der »einfach unglaublich« sei. Der aus persönlichen Gründen am gleichen Tag zurückgetretene Vizekanzler und Arbeitsminister Franz Müntefering, der sich für die flächendeckende

Einführung des Mindestlohns in der Postbranche stark gemacht hatte, bezeichnete diesen Vorgang in einem Interview im *Deutschlandfunk* vom gleichen Morgen als »blanke Lobbypolitik... All die Sprüche, dass man deutsche Unternehmen und deutsche Arbeitnehmerinnen und Arbeitnehmer vor Dumping schützen will, die sind da schmählich im Stich gelassen worden, denn ... ab 1. Januar können die Unternehmen aus Europa nach Deutschland rein zu ihren Bedingungen... Da macht die CDU/CSU offensichtlich Lobbypolitik für ganz bestimmte Leute und hat sich gestern Abend und heute Nacht verweigert.« Ein beispielloser Eklat. Das Lohndumping-Kartell hat sich – vorerst – durchgesetzt.

Insofern ist noch einmal in aller Schärfe deutlich geworden: Der aktuelle Konflikt um den Post-Mindestlohn ist weit mehr als ein klassischer Tarifstreit. Es geht dabei um nicht weniger als die Fragen, ob es weiter sein darf,

- dass Menschen, die Tag für Tag vollzeit harte Arbeit verrichten, so wenig verdienen, dass sie von ihren Löhnen nicht anständig leben können;
- dass Geschäftsmodelle für eine ganze Branche gesellschaftlich salonfähig werden, die auf Lohn- und Sozialdumping zulasten der Beschäftigten beruhen;
- dass Unternehmer auf den staatlichen Ausgleich ihrer Hungerlöhne durch den Steuerzahler spekulieren;
- dass die Liberalisierung eines milliardenschweren Marktes nicht – wie allenthalben gefordert – zu hochwertigen Dienstleistungen, innovativen Produkten und besserem Service führt, sondern zur Ausbreitung von Armutslöhnen und miesen Arbeitsbedingungen.

Wenn die hier zusammengetragenen Informationen dazu beitragen, das Bewusstsein für diese Fragen zu schärfen und den Widerstand gegen eine Entwicklung zu befördern, die die gesellschaftlichen Probleme allein auf Kosten der ArbeitnehmerInnen und sozial Schwachen lösen will, dann hat unsere Intervention ihren Sinn erfüllt.

»Schlimmer als bei Lidl«

Benedikt Frank, ver.di-Fachsekretär für die neuen Briefdienstleister in Berlin, war nicht misstrauisch. Die von ihm organisierten Informationstreffen im Frühjahr 2005 in den Kieztreffs der Gewerkschaft in Wedding und in Tempelhof liefen gut. Einige Dutzend Zusteller der Berliner Niederlassung des privaten Briefzustellers PIN AG waren gekommen, um sich darüber zu informieren, wie ein Betriebsrat gegründet wird.

Nach einigen Wochen hatte der ver.di-Mann immerhin rund 30 neue Mitglieder geworben. Nicht schlecht in einem Umfeld, in dem die Arbeitgeber massiven Psychodruck auf ihre schlecht bezahlten Mitarbeiter ausüben. Was die Aktivisten nicht einkalkuliert hatten: Zu den beiden ersten offenen Zusammenkünften von PIN-Beschäftigten war jeweils auch ein leitender Mitarbeiter erschienen. Mit bösen Folgen. Drei PIN-Beschäftigte, die sich während der Gewerkschaftsrunden kritisch über Löhne und Arbeitsbedingungen des Unternehmens geäußert hatten, verloren ihre Jobs. Ihre Verträge wurden einfach nicht mehr verlängert. Einem Betroffenen wurde ganz direkt der Grund genannt: seine Aussagen bei einem der Gewerkschaftstreffen. Einem anderen Kollegen eröffneten die Vorgesetzten in Anspielung auf seinen Besuch der ver.di-Versammlung, er passe »nicht ins PIN-AG-Team«. Andere Teilnehmer sahen sich in der Folge peniblen Kontrollen ausgesetzt.

Eine bittere Erfahrung für Benedikt Frank: »Ohne es zu ahnen, habe ich die Existenz von Menschen aufs Spiel gesetzt.« Das brachiale Vorgehen der Führungsetage blieb den PIN-Mitarbeitern natürlich nicht verborgen. Die Angst vor negativen Konsequenzen wuchs rapide – so wie die PIN-Strategen es geplant hatten. Von nun an wurde es noch viel schwieriger, die Zusteller für ein gewerkschaftliches Engagement zu gewinnen. Benedikt Frank entschied sich für eine neue Strategie: »Nachdem mir klar war, was da passiert ist, bin ich dazu übergegangen, für Zustellstützpunkte Geheimtreffen zu organisieren. Einlader war immer ein Arbeitnehmer, der nur Leute seines Vertrauens informiert hat. So wurden zwar weniger Leute erreicht, aber ich konnte sicher sein, dass sie nicht über die Klinge springen mussten.«

Dieses Vorgehen erwies sich als wesentlich erfolgreicher und vor allem sicherer. In den 16 Berliner PIN-Zustellstützpunkten gab es bald zehn Gruppen mit gewerkschaftlich engagierten Beschäftigten. Am 10. März 2006 kam es schließlich zur ersten Betriebsratswahl. Doch trotz der Fortschritte beim Aufbau der Betriebsgruppen endete sie mit einem Dämpfer für die ver.di-Leute. Von elf Sitzen errangen sie nur drei. Die Arbeitgeberseite hatte alles unternommen, um einen Erfolg der Gewerkschafter zu verhindern. So gab es keine echte Briefwahl. Der ver.di-feindliche Wahlvorstand tourte von Niederlassung zu Niederlassung, teilte die Briefwahlunterlagen aus und sammelte sie sofort wieder ein. Die Wahlbriefe wurden in eine nur schwach gesicherte Urne geworfen. Das angebrachte Siegel war laut Augenzeugen »sehr einfach zu öffnen«. Am Tag der Auszählung fiel einigen Gewerkschaftern auf, dass es – vor dem offiziellen Öffnen – beschädigt war. Bis heute halten ver.di-Vertreter eine Manipulation der Wahl für möglich. Denn trotz ihrer Aufforderung weigerte sich der Wahlvorstand, die Beschädigung des Siegels zu protokollieren. Selbst jene Briefwähler, die auf ihrem Recht bestanden hatten, die Wahlunterlagen nach Hause geschickt zu bekommen, wurden ausgetrickst. Der Wahlvorstand händigte ihnen die Papiere letztlich doch am Arbeitsplatz aus. Und zwar so knapp vor dem Stichtag, dass eine Briefwahl nicht mehr möglich war.

Der Druck auf die Belegschaft war enorm. Ein PIN-Bezirksleiter hatte sich die ver.di-Kandidaten für die Betriebsratswahl in Einzelgesprächen vorgeknöpft und ihnen seine »Enttäuschung« über ihre Kandidatur für die Gewerkschaft erklärt. Gespräche unter vier Augen führten manche PIN-Niederlassungsleiter auch mit den Wählern. Dabei machten sie keinen Hehl aus ihrer Auffassung, wem die Stimmen zukommen sollten: selbstverständlich der von der Unternehmensleitung gestützten Liste »Wir sind PIN«, einer Gruppe besonders loyaler Mitarbeiter. Jener Bezirksleiter, der versucht hatte, die ver.di-Kandidaten einzuschüchtern, bemühte sich dagegen wohlwollend um die »Wir sind PIN«-Bewerber. Bei Vorstellungen von ver.di-Kandidaten erklärte er der Belegschaft, sie müssten den Gewerkschaftern »nicht zuhören«. Im Gegenzug animierte er seine Untergebenen, der Präsentation der ihm genehmen Liste aufmerksam zu folgen. Während ver.di-Wahlplakate in den PIN-Niederlassungen des Öfteren verschwanden, kümmerte sich die Bezirksleitung fürsorglich darum, dass das Werbematerial der Konkurenz in allen Stützpunkten verteilt wurde.

»Schlimmer als bei Lidl«, findet Benedikt Frank das Vorgehen der PIN-Leitungsebene. Wenn ver.di-Kandidaten in den Filialen für sich werben wollten, bekamen sie dafür keinen Urlaub. Also musste Frank die Präsentation seiner Kollegen als »Betriebsfremder« übernehmen. Dabei stieß er auf erheblichen Widerstand der Führungsriege. Es wurde das Gerücht gestreut, er sei von der Post AG bezahlt und hätte nur »den Auftrag, die PIN AG kaputt zu machen«. Eine ver.di-Anfrage, geltende Betriebsvereinbarungen einzusehen, wurde schroff abgelehnt. Die Begründung: Die Gewerkschaft halte »nicht die aus Sicht der PIN AG nötige Distanz zu deren Konkurrenz ein«. Gemeint war die Deutsche Post AG. Frank lachte zunächst über derart durchsichtige Methoden. Nachdem ihm die von der Geschäftsleitung gestreuten »Argumente« jedoch immer öfter begegneten, nahm er sie schließlich »sehr ernst« und versuchte, den PIN-Mitarbeitern zu erklären, »dass wir keine Gewerkschaft für die Post AG, sondern für alle Arbeitnehmer sind«. Auf Druck von oben wurde dann versucht, dem Berliner ver.di-Listenführer Janosch Mietle Fehler in seiner Arbeit nachzuweisen, damit man ihm noch vor der Betriebsratswahl kündigen könnte. Das Management verkalkulierte sich in diesem Fall, Mietles Rückhalt in der Belegschaft war viel stärker, als von der PIN-Leitung angenommen. Er ist heute freigestellter Betriebsrat bei der PIN AG in Berlin.

Belegte Brötchen von der Arbeitgeber-Liste

Aber bis es soweit war, wurden die plumpesten Tricks angewendet, um einen Wahlsieg der ver.di-Leute zu verhindern. So spendierte der Spitzenkandidat der PIN-Liste während der Kandidatenvorstellung belegte Brötchen für die Zuhörer. Laut Insidern waren zumindest einige Disponenten der PIN-Niederlassungen, etwa in Steglitz, vom Bezirksleiter angehalten worden, das Geld für dieses Frühstück großzügig vorzustrecken.

Zunächst war diese Strategie erfolgreich. Benedikt Frank geht noch heute davon aus, »dass die Wahl 2006 nicht nur behindert, sondern auch durch Einschüchterungen und direkten Druck auf Einzelne manipuliert wurde«. Jedenfalls gewann die von der Geschäftsleitung unterstützte Liste »Wir sind PIN« deutlich mehr Sitze als die ver.di-Gruppe. Frank: »Die Atmosphäre war stark von der Angst um den Arbeitsplatz und das Einkommen geprägt.« Immerhin zwei Drittel der Belegschaft hatten damals noch befristete Arbeitsverträge. Die Bereitschaft, für die ver.di-Liste zu kandidieren, war entsprechend gering.

Nach Einschätzung von Benedikt Frank waren es aber »nicht nur die Behinderungen durch den Arbeitgeber, die die Organisation erschwerten«. So seien etwa »typische Facharbeiter mit einem unbefristeten Vertrag schneller zu organisieren als schlecht ausgebildete mit einem befristeten Vertrag«. Viele Mitarbeiter sehen die Beschäftigung bei der PIN AG ohnehin nur als Intermezzo auf der Suche nach einem besseren Job. Entsprechend mäßig ist häufig das Interesse, sich gewerkschaftlich zu organisieren, obwohl viele die Arbeitsbedingungen für höchst verbesserungswürdig halten.

Inzwischen hat sich die Lage zugunsten der ver.di-Betriebsräte verändert. Wurden sie zu Beginn von vielen PIN-Mitarbeitern noch für Gewerkschaftsangestellte gehalten, wuchs das Vertrauen, als klar wurde, es sind Kollegen, die gewerkschaftlich engagiert sind. Unterdessen verfügen die ver.di-Vertreter im Berliner PIN AG-Betriebsrat bei Abstimmungen meist über die Mehrheit, nachdem sich die Konkurrenzliste gespalten hat.

Zur wachsenden Akzeptanz des ver.di-Engagements trug auch die Öffentlichkeitsarbeit über die Arbeitsverhältnisse bei der PIN AG bei. Anfangs berichteten nur Blätter wie die *junge Welt* oder das *Neue Deutschland*. Ziel der Gewerkschafter war es aber, über Zeitungen wie die *BZ* oder den *Berliner Kurier* breitere Leserschichten zu erreichen. Das Problem: Der Springer-Verlag und der Holtzbrinck-Konzern kontrollieren als Anteilseigner der PIN AG (siehe dazu das Kapitel »Post in grün und orange«) fast die gesamte Berliner Presselandschaft. Also ein fast aussichtsloses Unterfangen. Als ver.di jedoch darüber informierte, dass der rot-rote Berliner Senat Aufträge an ein Unternehmen vergab, in dem ein Drittel der Beschäftigten zusätzlich zum Lohn Arbeitslosengeld II bezieht, kümmerten sich auch etablierte Blätter um das Thema – bis Springer die Mehrheit bei PIN erwarb.

Immerhin wurde auch der Senat sensibler. Im Jahr 2005 empfing Wirtschaftssenator Harald Wolf (damals PDS, jetzt DIE LINKE) den Gewerkschaftssekretär Benedikt Frank zu einem kurzen Gespräch. Wolf signalisierte Offenheit gegenüber dem Problem, nach 15 Minuten trennte man sich mit guten Wünschen für die Zukunft – aber es brauchte mehr als ein Jahr, bis sich wirklich etwas bewegte. Erst als die Gewerkschaft die Kooperation zwischen Senat und PIN AG öffentlich skandalisierte, wuchs die Bereitschaft der Stadtpolitiker, etwas zu unternehmen. Unterdessen gehört der Wirtschaftssenator zu jenen, die auf deutliche Veränderungen zugunsten der Beschäftigten bei der PIN AG drängen. Für das Unternehmen geht es um einen lukrativen Auftrag. Im August 2007 erhielt der Betrieb erneut den Zuschlag für die Zustellung von Behördensendungen bis 1.000 Gramm, bei fast 30 Millionen Sendungen ein Umsatz von mehr als zwölf Millionen Euro jährlich. Eine automatische Verlängerung des Vertrages um ein weiteres Jahr ist nicht sicher. Wirtschaftssenator Harald Wolf kann sich weitere Aufträge an die PIN AG neuerdings nur noch vorstellen, wenn die Firma ihre Mitarbeiter nach regulären Tarifen entlohnt.

PIN-Chef Günter Thiel reagierte verhalten. »Grundsätzlich« habe er mit einer Tarifbindung kein Problem, ein Tarifvertrag müsse jedoch die Situation der privaten Dienstleister berücksichtigen. ver.di-Chef

Frank Bsirske warf der PIN AG dagegen einen »ungewöhnlich dreisten Mangel an Verhandlungsbereitschaft« vor. Und Wirtschaftssenator Wolf machte klar: »Die PIN AG muss sich bewegen.« Will er sich an seinen neuerdings postulierten Maßstäben messen lassen, muss sich freilich auch der Senat bewegen. Immerhin will Berlin seine Vergaberichtlinien verschärfen. Neben dem Preis sollen auch soziale und ökologische Mindeststandards künftig bei der Entscheidung über die Auftragsvergabe berücksichtigt werden. So sollen jene Firmen, die öffentliche Aufträge begehren, eine »Tariftreue- oder Mindestlohnerklärung« unterschreiben. Eine entsprechende Regelung gibt es schon für die Bau- und Gebäudereinigungsbranche.

Seitdem Gewerkschaftssekretäre wie Benedikt Frank die Praktiken der privaten Briefdienste publik machten, gerieten auch Gewerkschaften wie Transnet oder die IG BAU in Berlin unter Rechtfertigungsdruck, nachdem sie als PIN-Kunden geoutet wurden. Sie mussten sich die Frage gefallen lassen, warum sie ausgerechnet ein derart gewerkschaftsfeindliches Unternehmen mit der Beförderung ihrer Post beauftragten.

Die Folge: Bei der Berliner PIN-Geschäftsführung häuften sich kritische Nachfragen nach den Arbeitsbedingungen der Beschäftigten. So appellierte Holger Herzog, Vorsitzender des Berliner Transnet-Bezirksvorstandes, im Mai 2006 an den Vorstand des Briefzustellers in Berlin, »zügig« Gespräche zu führen, »um alle Mitarbeiter unter den Geltungsbereich eines Tarifvertrages zu stellen«. Herzog: »Wir erwarten von Unternehmen, mit denen wir zusammenarbeiten, dass sie tarifliche Normen für die Beschäftigten vereinbaren und auch anwenden.« Dies sei das Unternehmen insbesondere seinen »fleißigen Mitarbeiterinnen und Mitarbeitern schuldig, damit die Leistungen der PIN AG auch in der Öffentlichkeit wieder die entsprechende Anerkennung finden«. Auch der Berliner Bezirksvorstand der IG BAU beklagte sich im Sommer 2006 schriftlich über die aus Gewerkschaftssicht inakzeptablen Bedingungen der PIN-Beschäftigten.

Alexander Seyferth von der Stabsstelle Business Development der PIN AG antwortete der IG BAU spitz: »Gerne würden wir Ihren Forderungen in Bezug auf einen Tarifvertrag und dem Angebot von Ausbildungsplätzen vollumfänglich entsprechen, leider gelingt uns das in nächster Zeit jedoch nur teilweise.« Die PIN AG befinde sich in einem

»sehr schwierigen Marktumfeld, welches von einem übermächtigen Konkurrenten (Deutsche Post AG) und einem Regulierungsregime geprägt wird, das die nächsten Entwicklungen in dem sich in der Liberalisierung befindlichen Markt nur schwer abschätzbar macht«. Außerdem sei sein Unternehmen derzeit an »spezielle Vorgaben der Bundesnetzagentur gebunden, die das Zustellungsverfahren relativ aufwendig und daher auch kostenintensiver als bei dem Monopolisten machen«. Um neue Kunden zu gewinnen, müsse die PIN AG »daher nicht nur besser, sondern in der Zustellung auch billiger als die Deutsche Post AG sein«. Deshalb, so Seyferth, sei es »wirtschaftlich derzeit noch nicht abbildbar, den von ihren Kollegen vorgeschlagenen Tarifvertrag in unserem Hause einzuführen«. Und süffisant setzte der PIN-Manager noch einen drauf: »Sobald sich die Zukunftsaussichten – vor allem, was die wirtschaftspolitische Umsetzung der Liberalisierung angeht – geklärt haben, werden wir sicherlich wieder gesonderte Gespräche mit der für uns zuständigen Gewerkschaft führen.«

Springer & Co. blockieren Tarifverhandlungen

Was die PIN AG in dem im vorhergehenden Kapitel erwähnten Brief und auch in ihren öffentlichen Erklärungen konsequent unterschlug: Das Unternehmen, das seit Juni 2007 mehrheitlich dem Springer-Konzern gehört, führte bisher keine einzige wirkliche Tarifverhandlung mit ver.di, obwohl die Gewerkschaft dies mehrfach angeboten und gefordert hatte. In der politischen Auseinandersetzung erweckt die Springer-Tochter stattdessen konsequent den Eindruck, sie sei von ver.di in beinahe konspirativer Kooperation mit der Deutschen Post AG von tarifvertraglichen Regelungen ausgesperrt worden – eine völlige Verdrehung der Realität.

Fakt ist: Nicht zuletzt wegen der wachsenden öffentlichen Kritik an den teilweise miserablen Löhnen und schlechten Arbeitsbedingungen bei privaten Briefdienstleistern trafen sich die Unternehmensleitungen der PIN AG und der privatisierten ehemaligen niederländischen Staatspost TNT Ende Januar 2007 mit ver.di-Vertretern, um die Arbeitsbedingungen im Bereich der Postdienste nach einheitlichen sozialen Mindestanforderungen zu gestalten. Nach einem Gespräch zwischen dem inzwischen ausgeschiedenen stellvertretenden ver.di-Vorsitzenden Rolf Büttner und dem Deutschlandchef von TNT Post, Mario Frusch, verkündete TNT in einer Pressemitteilung am 31. Januar 2007 sogar, man habe »übereinstimmend« festgestellt, »dass es nicht länger hinnehmbar sei, den Wettbewerb auf dem deutschen Briefmarkt zu Lasten der Beschäftigten auszutragen«. Es sei »alternativlos, die Arbeitsbedingungen nach einheitlichen sozialen Mindestbedingungen zu gestalten, um einen chancengleichen und funktionsfähigen Wettbewerb im Postsektor sicherzustellen«. Über »Lohn- und Sozialdumping« ließe sich »keine im Interesse der Verbraucher gute Dienstleistung erzielen«. Die Gesprächspartner kündigten damals an, sich »gemeinsam für einen fairen und sozial flankierten Wettbewerb in der Branche einzusetzen«. Zu den avisierten weiteren Gesprächen kam es freilich nie: Die TNT Post beließ es bei der wohlklingenden Pressemitteilung.

Auch die PIN Group gab öffentlich ein scheinbar gewerkschaftsfreundliches Statement ab. Ebenfalls in einer Presseerklärung beteuerte das damals noch gemeinsam von den drei einflussreichen Verlagshäusern Springer, WAZ und Holtzbrinck gesteuerte Unternehmen, man stimme mit ver.di »darin überein, dass zur Sicherstellung eines chancengleichen und funktionsfähigen Wettbewerbs im Postsektor die Arbeitsbedingungen nach einheitlichen sozialen Mindestanforderungen gestaltet sein müssen«. Deshalb sollten im Februar Tarifverhandlungen aufgenommen und noch im ersten Halbjahr 2007 abgeschlossen werden. Das meinten die Verleger offenbar nicht sonderlich ernst. Zu einem Tarifvertrag kam es zumindest bis November 2007 nicht. Gewerkschafter halten die angebliche Gesprächsbereitschaft der PIN Group im Nachhinein für eine »Scheinaktivität«, mit der sich das Unternehmen öffentlich als »Saubermann« präsentieren wollte. Zugleich war es wohl ein Spiel auf Zeit, um vor der endgültigen Auflösung des Briefmonopols im Januar 2008 die Schaffung einheitlicher tariflicher Regelungen zu verhindern. Das Kalkül: Ist der Markt erst einmal komplett »liberalisiert«, wird es für die Gewerkschaft immer schwieriger, ihre Positionen zu behaupten.

Die Chronologie der Ereignisse legt diese Interpretation nahe. Zur Vorbereitung offizieller Tarifverhandlungen führten ver.di und die PIN Group am 26. Februar 2007 und am 22. Mai 2007 Sondierungsgespräche. Die Gewerkschaft wollte schon beim ersten Treffen wissen, für welche Gesellschaften des Firmenkonglomerats der angepeilte Tarifvertrag überhaupt gelten sollte. Diese Informationen sollten beim zweiten Gespräch im Mai vorgelegt werden. Außerdem hatte der Postdienstleister zugesagt, der Gewerkschaft Informationen über die Gehalts- und Lohnstrukturen im Unternehmen zur Verfügung zu stellen. Ohne derartige Grundlagen sind ernsthafte Tarifverhandlungen unmöglich. Geliefert wurden die versprochenen Daten jedoch nicht. Auch ein Mahnschreiben der Gewerkschaft vom 24. Mai blieb unbeantwortet.

Trotz der äußerst ungünstigen Vorzeichen vereinbarten ver.di und PIN, am 21. Juni 2007 Tarifverhandlungen aufzunehmen. PIN-Chef

Günter Thiel weigerte sich bei diesem Treffen jedoch laut ver.di, »alle Unternehmen der PIN Group zu nennen, die Gegenstand der Tarifverhandlungen sein sollen«. Zudem seien auch die »Bezahlungsstrukturen in den Konzernunternehmen nicht offengelegt« worden. Dessen ungeachtet präsentierte ver.di die Tarifforderungen: zehn Euro pro Stunde als Einstiegslohn für Briefzusteller, dazu Urlaubs- und Weihnachtsgeld. Als wöchentliche Arbeitszeit sollten 38,5 Stunden, als Urlaub 31 bis 36 Werktage vereinbart werden (siehe dazu den Kasten auf der folgenden Seite).

Die PIN-Delegation wollte sich nicht festlegen: Eine Bewertung dieser Forderungen könne erst nach internen Erörterungen erfolgen. Andrea Kocsis vom ver.di-Bundesvorstand forderte öffentlich: »Die PIN Group muss jetzt seriöse Fakten auf den Tisch legen, damit die Verhandlungen endlich aufgenommen werden.« Aber die Unternehmerseite spielte weiter auf Zeitgewinn.

Zwei Wochen nach dem Juni-Termin forderte ver.di die PIN Group auf, die notwendigen Informationen nun endlich bis zum 11. Juli 2007 zur Verfügung zu stellen. Am 12. Juli reagierte die Springer-Tochter schriftlich. Sie wies die Kritik zurück, sie habe die im Januar getroffene Vereinbarung, Tarifverhandlungen aufzunehmen, nicht eingehalten. Zugleich kündigte das Unternehmen an, die Gewerkschaftsforderungen noch im Juli zu bewerten und sich bis Anfang August 2007 unaufgefordert bei ver.di zu melden. Eine hohle Zusage. Wieder kam nichts. Die Verhandlungskommission der Gewerkschaft hielt daraufhin in einer internen Bewertung fest: »Die von den Vertretern der PIN Group AG eingenommene Haltung, erforderliche Informationen zu verweigern, Tarifforderungen zu ignorieren und Ankündigungen nicht einzuhalten, ist nicht nur in höchstem Maß unkooperativ, sondern sie legt auch die Vermutung nahe, dass die PIN Group AG nicht bereit ist, seriöse Tarifverhandlungen zu führen.«

Nun überschlugen sich die Ereignisse. Nachdem der Versuch der SPD gescheitert war, die endgültige Abschaffung des Briefmonopols auf europäischer Ebene durch eine Einigung in der großen Koalition in letzter Minute noch einmal hinauszuschieben und es zeitgleich mit den meisten europäischen Nachbarn erst im Jahr 2011 zu beenden, entwickelte sich eine überraschende Dynamik. Auf Drängen der Sozialde-

Tarifforderungen von ver.di für die Verhandlungen mit der PIN Group AG am 21.6.2007

Die Tarifverhandlungen zur Regelung der Arbeitsbedingungen für die Beschäftigten der PIN Group AG-Tochterunternehmen werden auf Grundlage der Vereinbarung vom 29.1.2007 aufgenommen.

1. Verhandlungsgegenstand
Die Arbeitsbedingungen werden in folgenden Tarifverträgen geregelt:
a) Entgelttarifvertrag
b) Manteltarifvertrag
c) Tarifvertrag für Auszubildende
Die Tarifverträge werden in der genannten Reihenfolge verhandelt.

2. Grundsätze Entgelt
Im Entgelttarifvertrag wird eine Entgelttabelle ausgehend von einem so genannten Ecklohn für Zustellerinnen und Zusteller anforderungsgerecht entwickelt.

3. Zuordnung der Entgeltgruppen
Die Zuordnung der einzelnen Tätigkeiten zu Entgeltgruppen wird in einem entsprechenden Verzeichnis vorgenommen.

4. Ecklohn
Als Ecklohn wird ein tarifvertraglich garantiertes Jahreseinkommen von 22.000 Euro im Tarifeinstieg und 27.500 Euro im Tarifende festgelegt.

5. Zuschläge
Im ETV werden darüber hinaus Bestimmungen zu Zuschlägen, Aufwandsentschädigungen und weiteren tarifüblichen Regelungen vereinbart.

6. Wochenarbeitszeit
Die im MTV zu vereinbarende Wochenarbeitszeit beträgt 38,5 Wochenstunden.

7. Urlaub
Es wird ein Urlaubsanspruch von 31 bis 36 Werktagen vereinbart.

8. Sonstiges
Darüber hinaus werden in den Tarifverträgen weitere tarifübliche Regelungen vereinbart.

mokraten entschied der Koalitionsausschuss am 20. August 2007, das Arbeitnehmer-Entsendegesetz bereits zum 1. Januar 2008 für die Postbranche zu öffnen und nicht erst, wie ursprünglich vorgesehen, ab April 2008. Durch soziale Mindeststandards, so die Begründung der SPD, solle ein Dammbruch nach der endgültigen Liberalisierung des Briefsektors verhindert werden. Kaum war dies mit Zustimmung der CDU beschlossen, wurde die Deutsche Post AG aktiv. Zusammen mit Firmen aus dem Post-Konzern und einigen mittelständischen Briefdienstleistern wurde im August 2007 der Arbeitgeberverband Postdienste e.V. (AGV) gegründet. Insgesamt organisierten sich darin rund 25 Unternehmen, die nach eigenen Angaben etwa 200.000 Beschäftigte der Branche repräsentieren. Die großen privaten Konkurrenten wurden mehrfach zur Mitarbeit eingeladen. PIN und TNT verweigerten sich jedoch. Wenige Tage nach dem Koalitionsausschuss entschied das Kabinett bei einer Klausursitzung in Meseberg: »Im Zusammenhang mit der Liberalisierung der Postmärkte zum 1.1.2008 wird die Branche der Postdienstleistungen noch in 2007 in das Arbeitnehmerentsendegesetz aufgenommen, wenn die Tarifpartner einen entsprechenden gemeinsamen Antrag stellen. Dabei geht die Bundesregierung davon aus, dass über 50 Prozent der Arbeitnehmerinnen und Arbeitnehmer in der Postbranche tarifgebunden sind.«

Am 31. August begannen die Tarifverhandlungen zwischen ver.di und dem AGV. Bereits vier Tage später einigte man sich auf Mindeststundenlöhne für Briefzusteller in Höhe von acht (Ostdeutschland) bis 9,80 Euro (Westdeutschland). Von dem Mindestlohn profitieren beispielsweise Mitarbeiter des Briefdienstleisters First Mail in Düsseldorf, der bisher nicht tarifgebunden war. Dies belegt nach Ansicht von Stephan Teuscher, im ver.di-Fachbereich Postdienste, Speditionen und Logistik zuständiger Bereichsleiter für Tarifpolitik, »dass es sich nicht, wie von Gegnern des Mindestlohntarifvertrages behauptet, um einen Phantom-Tarifvertrag handelt, der nur die außerhalb des Verbandes stehenden Betriebe erfassen soll«. Der neue Vertrag wirkt sich zwar nicht auf die Postbeschäftigten aus, da diese einen wesentlich darüber liegenden Haustarif haben – aber Mitarbeiter anderer im AGV zusammengeschlossener Betriebe sind durchaus Nutznießer des neuen Mindestlohns. Stephan Teuscher: »Der Tarifvertrag zum Mindestlohn für Briefdienste ist die Konsequenz aus der Behinderung seriöser Tarifverhandlungen durch die PIN Group.«

Am 11. September stimmte die ver.di-Tarifkommission dem Verhandlungsergebnis zu. Auch die »Christliche Gewerkschaft Postservice und Telekommunikation« sowie die Beamtenbund-Gewerkschaft »DPV-Kom« unterzeichneten den Vertrag. Noch am selben Tag beantragten ver.di und der AGV die Aufnahme der Postdienste in das Arbeitnehmer-Entsendegesetz und gleichzeitig den Mindestlohntarifvertrag per Rechtsverordnung für allgemeinverbindlich zu erklären. Damit, dachten Gewerkschafter und AGV-Repräsentanten, sei der Weg frei für den Mindestlohn in der Branche.

Wie die PIN AG Gespräche mit der Post torpedierte – eine Chronologie

5. Feb. 2007	Der Arbeitsdirektor von Deutsche Post World Net, Walter Scheurle, bietet »ver.di und interessierten Marktteilnehmern an, mit uns Gespräche zu führen, um zu überlegen, ob und wie wir zu einem Flächentarifvertrag kommen können«.
26. Feb. 2007	Treffen Post/Bundesverband Arbeitgeber (BDA) zur Vorbereitung der Verbandsgründung für die Postbranche unter Federführung des BDA. BDA lädt PIN AG, TNT und Post zu einem gemeinsamen Treffen ein, um Möglichkeiten der Zusammenarbeit in einem gemeinsamen Arbeitgeberverband auszuloten.
7. März 2007	PIN AG und TNT lehnen laut BDA Gespräche mit der Post ab.
18. April 2007	Nach Abstimmung mit dem BDA will die Post allein auf PIN und TNT zugehen, um eine Zusammenarbeit auszuloten.
Anf. Mai 2007	Post versucht telefonische Kontaktaufnahme zur PIN Group zwecks Terminvereinbarung, PIN ruft nicht zurück.
11.-22.Mai 2007	Weitere erfolglose Versuche, die PIN Group telefonisch wegen einer Terminvereinbarung zu erreichen.
4. Juni 2007	Besuch der Post beim BDA zwecks Erörterung des weiteren Vorgehens.
6. Juni 2007	Erstes Anschreiben der Post an die PIN Group; Terminanfrage für einen Gedankenaustausch über ein arbeitgeberseitig geschlossenes Auftreten gegenüber den Gewerkschaften.
14. Juni 2007	Die PIN Group reagiert per E-Mail auf das Angebot vom 6. Juni und verweist auf Terminengpässe, deshalb gebe es keine Gespräche.
15. Juni 2007	Erste Terminvereinbarung zwischen Post und PIN Group für den 26. Juni.

25. Juni 2007	Die Post sagt den Termin 26. Juni ab.
29. Juni 2007	Zweite Terminvereinbarung zwischen Post und PIN Group für den 19. Juli.
19. Juli 2007	Treffen Post und PIN Group in Luxembourg.
27. Juli 2007	Erinnerungsschreiben von Post an PIN Group wegen des weiteren, gegebenenfalls gemeinsamen, Vorgehens (PIN hatte eine Entscheidung darüber bis zum 25. Juli zugesagt).
30. Juli 2007	Die PIN Group schlägt telefonisch ein Treffen am 27. August vor.
2. Aug. 2007	Die PIN Group bestätigt den Termin telefonisch.
27. Aug. 2007	Vormittags Treffen Post und PIN Group in Bonn; mittags: Gespräch zwischen dem Arbeitgeberverband Postdienste und der PIN Group in Düsseldorf.
31. Aug. 2007	Beginn der Verhandlungen zwischen AGV Postdienste mit ver.di in Berlin – Eingang eines PIN-Schreibens über Interesse am Verbandsbeitritt und der Bitte um Übersendung der AGV-Satzung.
3. Sept. 2007	Pressemitteilung über die Gründung einer Interessengemeinschaft Neue Briefdienstleister unter Mitwirkung u.a. der PIN Group und TNT.
4. Sept. 2007	Treffen von AGV Postdienste und Bundesverband Arbeitgeber in Berlin; BDA wird über den Verlauf der Tarifverhandlungen mit ver.di informiert.
Mitte Sept. 2007	Versuche der Post, telefonisch Kontakt mit der PIN Group aufzunehmen, Bitte um Rückruf.
18. Sept. 2007	Post bittet PIN Group per E-Mail erneut um Rückruf.
19. Sept. 2007	PIN Group antwortet per E-Mail und avisiert ein Telefonat für die nächsten Tage.
	Ende der direkten Kommunikation

Ein Ex-SPD-Sozialminister als neuer Arbeitgeberpräsident und eine Kanzlerin für Hungerlöhne

Wer geglaubt hatte, dass damit eine für alle Beteiligten sozial verträgliche Lösung gefunden sei, wurde schnell eines besseren belehrt. Denn PIN und TNT gaben nicht auf. Bereits einen Tag später, am 12. September, betrat eine frisch gegründete Organisation die politische Bühne: der »Arbeitgeberverband Neue Brief- und Zustelldienste«. Die Initiatoren: PIN & Co.

Auf die Frage in einem Rundfunkinterview, warum er nicht mit ver.di einen Haustarif abgeschlossen, sondern »einen eigenen Arbeitgeberverband« gegründet habe, behauptete PIN-Chef Günter Thiel, ver.di habe »sich verweigert«.

Thiel: »ver.di hat gesagt, wir werden gar nicht mit denen verhandeln, und das ist sicherlich ein Novum in der Bundesrepublik Deutschland, ein Arbeitgeberverband und die Gewerkschaft weigert sich, mit dem über Tarifverhandlungen zu verhandeln. Es ist hier einfach ein politisches Spiel. Und dieses politische Spiel werden wir durchkreuzen. Es kann nicht sein, dass ein Staatsmonopolist ein Lohndiktat mit einer Gewerkschaft vereinbart, die Gewerkschaft sich verweigert ... und die Politik das dann auch noch bestätigt.«

Gegen diese Verdrehung der tatsächlichen Abläufe wehrte sich ver.di vor Gericht. Das Landgericht Berlin erließ am 25. September 2007 eine einstweilige Verfügung, in der Thiel und der PIN Group untersagt wird, » a) wörtlich oder sinngemäß zu behaupten, die PIN Group habe nicht die Möglichkeit gehabt, mit der Gewerkschaft verdi einen Haustarif zu verhandeln, b) wörtlich oder sinngemäß zu behaupten, die Gewerkschaft verdi habe sich der PIN Group verweigert, Tarifverhandlungen zu führen«.

Trotz dieser eindeutigen richterlichen Entscheidung ließen interessierte Kreise keine Gelegenheit entgehen, die Legende von der ver.di-Verweigerung weiter zu verbreiten. Bereitwillig beteiligte sich an dieser Desinformationskampagne auch der als Präsident des neuen Arbeitgeberverbandes gewonnene ehemalige rheinland-pfälzische SPD-Sozialminister Florian Gerster. Der rechte Sozialdemokrat, angeblich auf besonderen Wunsch der Springer-Konzernspitze in die Position gehievt, nutzte jede Gelegenheit, gegen ver.di zu polemisieren. Bundesweit unrühmliche Bekanntheit hatte Gerster errungen, weil er als Vorstandschef der Bundesagentur für Arbeit unter anderem einen rund 1,3 Millionen Euro schweren Beratervertrag ohne Ausschreibung an die Berliner Kommunikationsfirma WMP Euro.Com vergeben hatte und nicht zuletzt deshalb schließlich im Januar 2004 gefeuert wurde. Hauptaktionär und Vorstandsvorsitzender der WMP ist der ehemalige *Bild*-Chefredakteur Hans-Hermann Tiedje.

Den Rauswurf hat Gerster, Psychologe und Oberstleutnant der Reserve, offenbar bis heute nicht verwunden. Schon lange suchte der forsche SPD-Mann, der von Bundeskanzler Gerhard Schröder zum Chef der Bundesagentur für Arbeit gemacht worden war, ein neues Betätigungsfeld mit möglichst großer öffentlicher Resonanz. Im Kampf gegen den Mindestlohn in der Postbranche fand er es – ausgerechnet auf Seiten einer Tochterfirma des Springer-Konzerns, dessen Zentralorgan *Bild* wesentlich zu seinem Sturz beigetragen hatte. Gersters Abgang hatte das Boulevard-Blatt, das am liebsten für sich selber kämpft, auf seine Weise begleitet: »Skandal-Gerster fällt ganz sanft!« »Noch bei seinem Rausschmiß spielte Florian Gerster den Chef«, »Nach seinem Rausschmiß wird Gerster ab Februar der ›teuerste‹ Arbeitslose von

6 Euro Mindestlohn?

Berlin – Der geplante Mindestlohn für Briefzusteller soll zwischen sechs und 7,50 Euro pro Stunde liegen. Dafür hat sich Florian Gerster (SPD), Chef des neuen Verbands der privaten Post-Konkurrenten (ANBZ), ausgesprochen. Er liegt mit seiner Forderung deutlich unter dem von Ver.di und der Deutschen Post vereinbarten Mindestlohn von 9,80 Euro. Gerster erklärte, diese Lohnhöhe sei wettbewerbsfeindlich und stärke nur die Monopolstellung der Post.

Bild-Zeitung vom 22.9.2007

Interview mit dem Präsidenten des neuen Post-Arbeitgeberverbandes

Herr Gerster, warum sind Sie gegen Mindestlöhne?

Florian Gerster (58) ist sicher, dass Mindestlöhne in Wahrheit Arbeitsplätze vernichten, statt zu schaffen

Von GEORG STREITER

BILD-Interview mit Florian Gerster (58), dem ehemaligen Arbeitsminister und Chef der Bundesagentur für Arbeit, heute Präsident des Arbeitgeberverbandes Neue Brief- und Zustelldienste

BILD: Die Nettolöhne sind auf den niedrigsten Stand seit 20 Jahren gesunken – was ist jetzt zu tun?

Gerster: Wenn die Nettolöhne heute auf dem Niveau der 80er-Jahre sind, dann liegt das daran, dass die Sozialbeiträge überproportional gestiegen sind. Also müssen vor allem die Abgaben auf Arbeit reduziert werden. Von einer einfachen Erhöhung der Bruttolöhne hat niemand etwas. Das Problem ist nicht der Lohn, sondern die Lohnnebenkosten. Von mehr Brutto kann sich niemand etwas kaufen. Entscheidend für den Lebensstandard ist der Nettolohn.

BILD: Warum sind Sie gegen Mindestlöhne?

Gerster: Tatsache ist, dass die Arbeitsproduktivität über den Lohn entscheidet. Dort, wo die Arbeitsproduktivität z. B. 9,80 Euro pro Stunde nicht hergibt – und das ist bei vielen Post- und Zustelldiensten der Fall – wird ein Mindestlohn von 9,80 Euro Arbeit vernichten. Die neuen Zustelldienstleister haben allein bei den Briefdiensten 50 000 neue Arbeitsplätze geschaffen, die im Durchschnitt mit knapp unter acht Euro pro Stunde vergütet werden. Bei einem Mindestlohn in der geforderten Höhe von 9,80 bzw. 9 Euro würden diese Arbeitsplätze – vor allem auch in Ostdeutschland – wegfallen.

BILD: Würden Sie das auch sagen, wenn Sie heute noch Chef der Bundesagentur für Arbeit wären?

Gerster: Ganz eindeutig ja. Der deutsche Arbeitsmarkt bietet für Menschen mit einfacher Qualifikation zu wenig Arbeit. Deswegen brauchen wir Arbeitsplätze, die man auch ohne Abitur erlangen kann, damit auch Menschen, die lange arbeitslos sind, eine Chance haben, wieder Beschäftigung finden. **Ein Mindestlohn von 9,80 Euro schützt nicht die Arbeitnehmer, sondern vernichtet Arbeitsplätze.**

BILD: Die SPD will die Hartz-Gesetze korrigieren, wieder länger Arbeitslosengeld zahlen. Ist das der richtige Weg?

Gerster: Diese Überlegungen wären das falsche Signal zur falschen Zeit. Ohne die insgesamt maßvollen Reformen von Hartz IV gäbe es heute nicht diese enorme Belebung am Arbeitsmarkt. Wenn die mutigen Reformen der Regierung Schröder jetzt in einer günstigen Konjunktur zurückgenommen würden, wird es bei der nächsten Abschwächung der Konjunktur zu einem sprunghaften Anstieg der Arbeitslosigkeit kommen. Das wäre verheerend. Diese Überlegungen wären auch nichts anderes als ein Einknicken vor Lafontaines Linkspartei.

Bild-Zeitung vom 4.10.2007

Kanzler Schröder« oder »Das Luxus-Arbeitslosengeld empört sogar Parteifreunde Gersters« lauteten die Headlines. Unterm Strich, rechnete *Bild* aus, blieben dem früheren BA-Chef »gut 8.000 Euro/Monat Pensionsanspruch lebenslang«.

Mit seinem neuen Job als Chef des Arbeitgeberverbandes der neuen Brief- und Zustelldienste dürfte eine deutliche Einkommensverbesserung verbunden sein. Undementierten Zeitungsberichten zufolge erhält Gerster für einen Vierjahresvertrag eine Vergütung von insgesamt etwa einer Million Euro. Zu seinen neuen Verbündeten gehören nun neben den Arbeitgeberverbänden anderer Branchen CDU-Politiker unter Führung von Bundeskanzlerin Angela Merkel, die sich vor den Karren der von Springer dominierten privaten Postdienstleister spannen ließ und sich öffentlich für Hungerlöhne einsetzte. Merkel verlangte von ver.di und der Post, sich mit der Konkurrenz auf einen niedrigeren Mindestlohn zu verständigen. Massiv vom Springer-Konzern unter Druck gesetzt, drohte die Union plötzlich sogar damit, die Vereinbarung über den Mindestlohn platzen zu lassen. Von Tarifautonomie war keine Rede mehr. Florian Gerster konnte sich zunächst mal über den Aufruhr freuen.

In seiner neuen Rolle als Arbeitgeberpräsident ist *Bild* für Gerster keine Bedrohung mehr, sondern Bündnispartner und Plattform für seine Forderungen. In dem Boulevardblatt wettert er nun ausführlich gegen angeblich zu hohe Mindestlöhne. Und nicht nur dort. Kaum im neuen Amt, attackierte der Sozialdemokrat ver.di und die Deutsche Post AG als beinahe mafiöse Vereinigung. In der ZDF-Talkshow von Maybrit Illner präsentierte er sich im Oktober 2007 als Lobbyist, der die Aktivitäten von TNT und PIN als strahlende soziale Wohltaten verkaufte. Die Firmen würden jedoch »mit Hilfe wesentlicher Kräfte aus der Politik« beim Wettbewerb um das Briefgeschäft böse gefoult. Gerster: »Im Fall der Post geht es darum, dass das Monopol, das qua Gesetz und qua europäischer Politik auslaufen soll, in Wirklichkeit durch Schutzzäune verlängert werden soll, unter anderem durch einen Mindestlohn, der diesen Namen nicht verdient.« Der sei mit bis zu 9,80 Euro pro Stunde viel zu hoch. Selbst große Firmen wie TNT und PIN, jammerte Bestensverdiener Gerster für seine Auftraggeber, müssten »jahrelang Verluste schreiben, bevor sie überhaupt mal auf Augenhöhe mit der Post konkurrieren können«. Dies sei »kein fairer Wettbewerb«. Schließlich beklagte er die »Erpressung durch große Unternehmen, auch durch große Behörden, die gewerkschaftlich sehr stark beeinflusst sind, Beispiel Post, aber auch Beispiel Bahn«.

Mit politischer und wirtschaftlicher Erpressung kennt sich der Präsident des neuen Arbeitgeberverbands bestens aus. Wenn jene Unternehmen, die mit »über 7,50 Euro über dem geforderten Mindestlohn Mitarbeiter beschäftigen, gezwungen würden, 9,80 Euro zu zahlen«, drohte Gerster, gingen »auf einen Schlag« mindestens 20.000 Arbeitsplätze verloren.

»Eins, zwei und vor wir sind der Briefdienstchor«

Arbeitgeberinteressen und eine gekaufte Gewerkschaft

Die Gründung eines eigenen Arbeitgeberverbandes genügte den privaten Brief- und Zustelldiensten rund um Springers PIN Group nicht, um dem zwischen ver.di und dem Arbeitgeberverband Postdienste e.V. ausgehandelten Tarifvertrag über Mindestlöhne für Briefzusteller wirkungsvoll begegnen zu können. Da ver.di konsequent Verhandlungen über Vereinbarungen ablehnte, die hinter die eben erst vereinbarten Positionen zurückfallen würden, begleitete die Verleger-Lobby wohlwollend die Gründung einer neuen Arbeitnehmervertretung: Die Gewerkschaft der Neuen Brief- und Zustelldienste (GNBZ).

Gemanagt wird die offiziell am 10. Oktober 2007 gegründete GNBZ von Arno Doll, einem ehemaligen Mitglied der Gesamtgeschäftsleitung des Handelsriesen Tengelmann. Als er im Spätsommer 2007 von früheren Mitarbeitern auf die Auseinandersetzungen in der Postbranche angesprochen und gefragt wurde, ob er bei der Gründung der Gewerkschaft mitwirken wolle, wurde aus dem pensionierten Topmanager plötzlich ein hauptamtlicher Gewerkschaftsvorstand. Über die Finanzierung seines Salärs (Doll: »Ein fünfstelliger Betrag im Jahr.«) will er sich nicht äußern, auch nicht darüber, wie viele Mitglieder denn die neue Gewerkschaft habe. Die Zahl liege »im vierstelligen Bereich« (Doll Anfang November 2007). Die Tatsache, dass Arno Doll nicht konkreter werden will, begründet er mit der Konkurrenz von ver.di. Die lauere nämlich nur darauf, etwas in die Hand zu bekommen, um möglicherweise per Gerichtsbeschluss feststellen zu lassen, dass es sich bei der GNBZ gar nicht um eine reguläre Gewerkschaft handele, sondern um eine von den Arbeitgebern gepäppelte Veranstaltung.

Als Indiz dafür gilt, dass die GNBZ sich von Beginn an Arno Doll als Hauptamtlichen und ein Büro bei der Kölner Unternehmensberatungsfirma Optegra in der Universitätsstraße 71 leisten konnte. Aus

Neue Gewerkschaft gegen Mindestlohn

Berlin – **Kommt jetzt die Gewerkschaft gegen Mindestlohn? Der Präsident des Arbeitgeberverbandes der neuen Post- und Zustelldienste, Florian Gerster, sagte gestern: „Es gibt empörte Arbeitnehmer, die sich nicht von Ver.di vertreten fühlen. Nicht auszuschließen, dass es dieser Tage zu einer Gewerkschaftsgründung kommt." Mit dieser neuen Gewerkschaft will Gerster Gespräche über einen Tarifvertrag führen.**

Bild-Zeitung vom 11.10.2007

Sicht von Doll sind »ein paar hundert Euro« Miete freilich kein Problem, zumal es sich beim Vermieter um eine »befreundete Steuerberatung« handele. Doll: »Ich war selber mal Steuerberater.« Überdies würden in vielen Branchen Rechnungen erst nach zwei oder drei Monaten gestellt. Also alles ganz normal für ihn. Im Übrigen würden die Mitgliederzahlen sprunghaft wachsen, es komme also immer mehr Geld in die Gewerkschaftskasse. Allein in der PIN-Niederlassung in Leipzig sollen etwa 200 Mitarbeiter in die GNBZ eingetreten sein.

Für Udo Raabe, Betriebsrat und Aufsichtsratsmitglied der PIN AG in Berlin, ändert dies nichts an seiner Einschätzung, die neue Gewerkschaft sei von oben gesteuert. ver.di-Mitglied Raabe: »Alle, die diese Gewerkschaft gegründet haben, sind in hoher Position bei der PIN AG in Berlin. Ich habe da keinen einzigen Arbeitnehmer gefunden.« Er ist

Demo gegen Post-Mindestlohn

Berlin – 400 bis 1000 Mitarbeiter der privaten Post-Firmen PIN, Blitz Kurier, CityBrief Bote und TNT haben in Berlin gegen das Briefmonopol und den geplanten Mindestlohn demonstriert. Tausende Jobs seien dadurch gefährdet.

Bild-Zeitung vom 10.10.2007

überzeugt, dass die GNBZ »von Arbeitgebern finanziert« wurde, »um die eigenen Interessen zu vertreten«.

Als Werbeplattform nutzte die GNBZ einen Tag vor ihrer förmlichen Gründung eine in der bundesrepublikanischen Gewerkschafts-Geschichte beispiellose Kundgebung. Am 9. Oktober 2007 demonstrierten etwa 1.000 Beschäftigte privater Postdienstleister in Berlin gegen die zwischen ver.di und der Post ausgehandelten Mindestlöhne von acht bis 9,80 Euro pro Stunde. Die Demonstration wurde von der PIN-Geschäftsleitung aktiv logistisch unterstützt. So verschickte sie Einladungen an Journalisten. Ganz unverhohlen hieß es darin: »Gegen die Aufnahme von Postdienstleistungen in das Entsendegesetz protestieren ... die Berliner Zustellerinnen und Zusteller der PIN MAIL AG und der TNT POST gemeinsam mit ihren Arbeitgebern.« Im Anschluss bestehe die Möglichkeit, »Gespräche mit Betriebsratsmitgliedern wie auch mit Führungskräften der PIN MAIL AG zu führen«.

Als Kontakt gab die PIN MAIL AG die Telefonnummern der Agentur wbpr Public Relations GmbH in Berlin an. Im Internet preist das Unternehmen seine Vorzüge an: »Themen zu Nachrichten machen, Artikel lancieren, Interviews arrangieren – effiziente Pressearbeit gehört zu unseren Kernkompetenzen.« Kurzum: »Das knappe Gut Aufmerksamkeit auf intelligente Weise gewinnen.« Stolz stellt sich die wbpr als eine der »führenden deutschen Agenturen für Wirtschaftskommunikation und Public Affairs« vor. An den Standorten München, Berlin, Potsdam und Budapest sind laut Selbstdarstellung rund 60 Mitarbeiter präsent. Auf der Referenzliste tauchen prominente Kunden auf: Der Chemiekonzern Degussa, die Pharmafirma Pfizer oder der Fußballclub Schalke 04. Auch die Bundesregierung ist mit von der Partie. Zu den Kunden gehörten auch schon das Verkehrs- und das Wirtschaftsministerium. wbpr präsentiert sich als stets omnipotenter Kommunikator: »Ob medienwirksamer Paukenschlag oder handfeste Krise – wir lösen Ihre Aufgaben zielgerichtet und effizient.« Und: »Bläst Ihnen der raue Wind bereits ins Gesicht, unterstützen wir Sie dabei, Kurs zu halten und schnell und klar zu agieren.« Das Leistungsspektrum reiche »von mehrjährigen Beratungsprojekten über differenzierte Medienarbeit bis hin zur Realisierung aufmerksamkeitsstarker Veranstaltungen und Herstellung ausführlicher Informationsmaterialien.« Und, nicht zuletzt: »Unsere Kreativität hilft Ihnen, immer wieder neue Routen für eine zielgruppenspezifische Ansprache zu entdecken. Unser Team macht auch außergewöhnliche Wege für Sie gangbar. Weil wir Freude am Besonderen haben und Meinungen in Bewegung bringen.«

Und so darf vermutet werden, dass wbpr auch bei der Formulierung jener Slogans half, die bei der Demonstration für niedrige Löhne in Berlin auftauchten. Auf Transparenten wurden ver.di und die Post als »Mafia« beschimpft. Lautstark forderten die Demonstranten, vor allem Mitarbeiter der PIN AG, Löhne von maximal 7,50 Euro. Alles Positionen, die von der GNBZ gemeinsam mit den Arbeitgebern vertreten werden.

In einem Thesenpapier kritisiert die PIN-treue Organisation den Beschluss der großen Koalition als »Staatsinterventionismus nach sozialistischem Muster«. Und statt von Mindestlöhnen spricht die GNBZ von »staatlich verordneten Zwangslöhnen«. Dies sei »Planwirtschaft nach DDR-Vorbild«. Eine absurde Konstellation, Beleg für die fatale Abhängigkeit der Beschäftigten, die von ihren Arbeitgebern mit der Drohung des Arbeitsplatzverlustes derart genötigt werden, dass sie sogar bereit sind, öffentlich gegen ihre ureigensten Interessen zu demonstrieren. Mit derartigen Demütigungen hat die GNBZ kein Problem. Sie verteilte während der Berliner Kundgebung emsig Aufnahmeanträge unter den Zustellern.

Robert Pinkus, ver.di-Mitglied und Betriebsgruppenvorsitzender der gewerkschaftlich organisierten PIN-Mitarbeiter, warf der Firmenleitung laut einem Bericht der *Frankfurter Rundschau* vor, sie übe »Druck« vor allem auf die befristet Beschäftigten aus. Dies sei der Grund, warum Zusteller zur Demonstration gegangen seien. Pinkus: »Vom PIN-Standort Leipzig sind Kollegen mit dem Bus nach Berlin gekarrt worden. Wenn man aus dieser Region kommt, kann man sich schlechter wehren.«

Dies bestätigte auch ein weiterer PIN-Mitarbeiter gegenüber einem Team des Fernsehmagazins *Report Mainz*. Er schilderte, wie die Leipziger Kollegen von Vorgesetzten bearbeitet wurden: »Die großen Chefs kamen halt zu uns in die Firma, haben uns aufgeklärt über die Situation. Und dass wir halt demonstrieren müssen, und sie sollen halt alle mitkommen. Es wird alles bezahlt, der Arbeitstag wird voll bezahlt, die Busse werden gestellt, Plakate, Trillerpfeifen. Und da wurden am sel-

Unfreiwillig zur Unternehmer-Demo? (Foto: dpa)

ben Tag noch Namenslisten ausgeteilt, wo man unterschreiben musste. Eigentlich bin ich da gegen meinen Willen hingefahren, also ich wurde dazu gezwungen, kann man sagen.«

Einem Bericht der Berliner *tageszeitung* zufolge waren vier Busse mit PIN-Mitarbeitern aus Leipzig gekommen. Auch Holm Münstermann, der laut *taz* für die Axel Springer AG im Vorstand der Berliner PIN MAIL AG sitzt, hatte sich eine grün-blaue Jacke übergestreift, wie sie sonst von den PIN-Zustellern getragen wird. Im *taz*-Artikel wird geschildert, dass er den Journalisten »eifrig« erklärte, warum man den Mindestlohn ablehnt. Auch ein Betriebsrat von der unternehmernahen Liste, der auf der Kundgebung in Berlin angeblich für das Mitbestimmungsgremium eine Rede hielt, genoss wohl eine spezielle Betreuung durch das PIN-Management. Janosch Mietle, freigestellter Betriebsrat der PIN AG und ver.di-Mitglied, schilderte *Report Mainz* die Beobachtung von Kollegen während der Kundgebung: »Also die Rede, die dort oben gesprochen wurde, ist vom Arbeitgeber geschrieben worden. Erst kurz vor der Demonstration wurde sie demjenigen, der oben gesprochen hat, übergeben. Auch ohne Zustimmung des Betriebsrates, also keiner vom Betriebsrat hat die je gesehen, diese Rede. Und mehrere haben halt gesehen, wie er sie vom Arbeitgeber überreicht bekommen hat und gesagt hat, hier lies mal vor, mach das mal.«

ver.di-Sekretär Benedikt Frank bestätigt: »Es gab weder eine Betriebsratssitzung noch einen Beschluss des Gremiums über diese Aktion. Dennoch hat das Betriebsratsmitglied, das dort aufgetreten ist, behauptet, es spreche im Namen des Betriebsrates. Das war ganz und gar nicht der Fall.« Diese Szene beschreibt nicht das Verhältnis von Arbeitgeber und Gewerkschaft, sondern von Herr und Knecht.

Wie abhängig die GNBZ von den Brief- und Postdienstleistern ist, belegt ein weiteres von *Report Mainz* dokumentiertes Beispiel. Die Großkanzlei Beiten Burkhardt, die den neu gegründeten Arbeitgeberverband rechtlich berät und auch sonst häufig Unternehmen vertritt, wandte sich an den Münchner Rechtsanwalt Krikor Seebacher. Er sollte »die Beratung einer Gewerkschaft beim Abschluss eines Tarifvertrages übernehmen«. Jurist Seebacher: »Wenn man von solchen Rechtsanwälten gefragt wird, ob man eine Gewerkschaft vertritt, die ja die natürliche Gegnerschaft darstellt, dann wird man hellhörig.« In seiner beruflichen

Eins, zwei und vor wir sind der Briefdienstchor!!!!«

Bei der Kundgebung am 9.10.2007 wurde ein Liedtext verteilt, der nach Realsatire klingt, aber ernst gemeint war:

»Wir sind heute hier versammelt,
haben ganz schön viel Bammel,
wir wolln alle arbeiten gehen
auch für weniger ist es schön.

Herr Müntefering wir sagen ihm was,
wir haben an unsrer Arbeit Spaß,
doch neun Euro sind zu viel,
wir alle wollen leben hier.

Eins, zwei und vor wir sind der Briefdienstchor!!!!

Angie stell dich mit uns an,
kämpfe für dein Heimatland,
vierhundert Leute sind wir dort,
ohne Arbeit sind wir tot.

Mindestlohn ist kein Problem
Doch lasst den Briefdienst überleb'n
aller Anfang der ist schwer
sechs Euro sind doch auch schon fair.

Eins, zwei und vor wir sind der Briefdienstchor!!!!«

Praxis sei ihm noch nie vorgekommen, »dass der Arbeitgebervertreter den Berater für die Gewerkschaft sucht«. Sein Honorar hätte die GNBZ wohl auch gar nicht zahlen können. Laut *Report Mainz* verlangt Krikor Seebacher für einen solchen Auftrag mindestens 20.000 Euro. Der sonst so beredte Verbandschef Florian Gerster wollte sich nicht zu dem Vorgang äußern. Der DGB-Vorsitzende Michael Sommer ist entsetzt über das Vorgehen des Gerster-Verbandes und der GNBZ: »Das hat mit Gewerkschaft nichts zu tun. Das ist eine Karikatur. Und wenn das Schule macht, dass sich jetzt die Arbeitgeber ihre Gewerkschaften gründen, gerade so, wie sie sie brauchen, dann gute Nacht Deutschland.«

Wie wichtig die Berliner Demonstration gegen den Mindestlohn für die PIN-Firmenleitung war, belegt eine E-Mail, die der Berliner Dispositions-Leiter des Unternehmens am 5. Oktober 2007 intern verschickte:

»Hallo Kollegen, ich komme an dieser Stelle einer Bitte unseres Betriebsrates nach und reiche folgende Informationen weiter: Am kommenden Dienstag planen die privaten Postdienstleister eine Demonstration gegen die sofortige Einführung eines Mindestlohnes in unserer Branche. Diese wird in vollem Umfang von Luxemburg und allen Tochtergesellschaften mitgetragen! Selbst Mitarbeiter von Konkurrenten, z.B. TNT, werden anwesend sein. Hier etwas zum Hintergrund: Am 31.12. dieses Jahres fällt das Monopol der DPAG. Da gibt es plötzlich die Angst vor Konkurrenz. Gleichzeitig drückt Herrn Zumwinkel (Vorstandsvorsitzender der DPAG) das Thema Mehrwertsteuer. Bisher braucht seine Firma diese nicht abzuführen. Im Gegenzug ist der Monopolist zur Erbringung einer Universaldienstleistung für alle verpflichtet. Mit dem Wegfall des Monopols erlischt der Zwang zur Universaldienstleistung und damit die MwSt-Befreiung. Das nationale Briefgeschäft der Post ist für sich allein betrachtet sehr profitabel. Jedoch wird dieses Geld zur Finanzierung der riesigen ausländischen Tochterunternehmen (z.B. DHL, Exel) und für weitere Zukäufe benötigt. Oder ist schon ein Anleger mit seiner ›Aktie Gelb‹ reich geworden? Da kam der rettende Gedanke: Man gründe mit all seinen Tochterunternehmen die Arbeitsgemeinschaft für Postdienste, lasse diese mit den Gewerkschaften einen Mindestlohn beschließen und fordere das Ganze dann per Gesetz für alle Branchenbeschäftigten. So kann die DPAG den Konkurrenten die Gehälter diktieren! Selbst ist sie ja kaum betroffen, wurden doch in der Vergangenheit schon etliche Mitarbeiter ausgelagert. Nun zur PIN: Die Group besteht aus vielen, oft kleinen, lokalen Unternehmen. Hier kann sich keiner die geforderten 9,80 Euro leisten. Es drohen Pleiten! Unsere Berliner PIN Mail AG könnte zur Querfinanzierung herangezogen werden. Dann arbeiten auch wir defizitär! Und das Ergebnis? Die ›Privaten‹ gehen pleite, neue werden sich in Folge des gesetzlichen Mindestlohnes nicht gründen und die Post ist auch ohne Monopol die ›Post für Deutschland‹. Was geht's euch an? Ihr könnt durch die Teilnahme an der Demo euren Arbeitsplatz sichern! Hier die Rahmenbedingungen: Unsere Firma und unser Betriebsrat freuen sich über jede Unterstützung. Selbst wenn der Termin in die Arbeitszeit fällt, könnt ihr teilnehmen. Einzige Voraussetzung ist die Sicherstellung des Tagesgeschäfts. Ihr werdet trotzdem als anwesend geführt und bekommt die Zeit voll bezahlt. Noch mal unser Standpunkt:

Wir sind nicht gegen den Mindestlohn! Lediglich die sofortige Einführung wollen wir verhindern oder hier die Festsetzung einer bezahlbaren Höhe erreichen. Der Mindestlohn kann kommen – aber lasst uns doch erst die Firma, welche ihn dann auch bezahlen muss, aufbauen!

Reicht diese Info bitte an eure Abholer weiter. Jeder ist willkommen. Vorzugsweise natürlich in GRÜN. Der Betriebsrat wird euch rechtzeitig über Ort und Zeit informieren.

Mit freundlichen Grüßen
PIN Mail AG
Leiter Abholung/Disposition«

Während viele Zeitungsverlage, die ein eigenes ökonomisches Interesse am Briefmarkt haben, die Lohndumping-Kampagne des neuen Arbeitgeberverbandes unter Führung von Florian Gerster bereitwillig publizistisch unterstützten, indem sie dessen Positionen ausführlich verbreiteten, reagierten einige Redaktionen doch bemerkenswert autonom. Etwa die *Süddeutsche Zeitung*, die selbst an einem Zustelldienst beteiligt ist. Sie kommentierte am 21. September 2007 die Auseinandersetzung zwischen den privaten Brief- und Zustelldiensten und der Post in scharfer Form: »Der Chef der Zustellfirma PIN sagt, ›grundsätzlich‹ sei es natürlich wünschenswert, dass jeder mit seiner Arbeit so viel verdient, dass es zum Leben reicht. Auf der anderen Seite könne ein Mitarbeiter aber nicht mehr kosten, als er einbringe. Was so einleuchtend klingt, ist nichts als ein Pseudo-Argument. Es vernebelt, dass das Geschäftsmodell der privaten Zustellfirmen von Grund auf unseriös ist. Dass sie es nie darauf angelegt haben, der Post einen Qualitätswettbewerb zu liefern. Dass sie einen reinen Preiswettbewerb veranstalten, der nur möglich ist, indem sie ihren Beschäftigten weniger zahlen, als zum Leben reicht. Sie kalkulieren mit dem Geiz der Kunden, und in der politischen Debatte hantieren sie, wie ihre Kollegen in anderen Lohndrücker-Branchen, mit der Keule der Globalisierung. Solche Unternehmen sind dabei, die soziale Marktwirtschaft in eine reine Machtwirtschaft zu verwandeln, und es soll niemand glauben, dies werde auf Dauer vonstatten gehen, ohne dass auch die demokratische Ordnung des Landes Schaden nimmt.« (Detlef Esslinger in *Süddeutsche Zeitung* vom 21. September 2007)

»Bild« kämpft für sich

Ende Juni 2007 verkündete Mathias Döpfner, Vorstandschef der Axel Springer AG, eine weitreichende Entscheidung seines Unternehmens: Der Konzern hatte die Mehrheit an dem Postdienstleister PIN Group übernommen. Rund 510 Millionen Euro zahlte Springer dafür. Döpfner gab sich äußerst optimistisch: »Wir wollen PIN zu einer starken Säule des Konzerns entwickeln.« Angesichts sinkender Erlöse im klassischen Zeitungsgeschäft war das Verlagsimperium unter Druck geraten: Es musste neue, vielversprechende Märkte erschließen (siehe dazu ausführlicher das Kapitel »Geschäftsmodell Lohndumping«). Aber nur vier Monate später war Döpfners Optimismus offenbar verflogen. Nun lauteten die Meldungen: »PIN-Kauf bringt Springer-Manager in Bedrängnis«, »Springer-Chef Döpfner probt bei der PIN Group die strategische Wende«. Springer, so die Botschaft, wolle seinen eben erst erworbenen Anteil bei der PIN von rund 71 auf 25% reduzieren. Im Springer-Vorstand gab es anscheinend heftige Turbulenzen um die Megainvestition von einer halben Milliarde Euro. Hatten sich Döpfner und seine Strategen verkalkuliert? Die Hauptursache der Unruhen: Die Anfang September 2007 zwischen der Post AG und ver.di ausgehandelten Mindestlöhne zwischen 8,00 und 9,80 Euro. Bei einem derartigen Lohngefüge, das nicht auf Lohndumping basiert, würden die hochgerechneten Gewinne nicht realisiert werden können.

Glos stoppt Post-Mindestlohn

Berlin – Die Übertragung des Post-Mindestlohnes auf sämtliche Konkurrenzfirmen ist vorerst gestoppt! Bundeswirtschaftsminister Michael Glos (CSU) wird dem Gesetz nach BILD-Informationen kommenden Mittwoch im Kabinett seine Zustimmung verweigern. Sein Haus könne den vorgelegten Entwurf „so nicht mitzeichnen", so die Kabinettsvorlage. Unter anderem gebe es „erhebliche Zweifel", ob der antragstellende Verband Postdienste e.V. „tatsächlich ein Arbeitgeberverband" sei. **(VK)**

Bild-Zeitung vom 15.9.2007

Springer reagierte schnell. Die *Bild*-Zeitung, die noch einige Monate zuvor eine »Schandliste der Hungerlöhne« anprangerte, startete nun eine massive Kampagne gegen den Mindestlohn. *Bild* kämpfte für sich. Am 5. September 2007 begann es mit der Kurzmeldung »Mindestlohn für Postbranche!«, in der die Zahlen knapp genannt wurden, verbunden mit dem Hinweis: »Der Tarifvertrag gilt nicht für die Konkurrenten PIN und TNT Post.« Zehn Tage später berichtete das Boulevard-Blatt: »Glos stoppt Post-Mindestlohn«. Der CSU-Wirtschaftsminister, so die Meldung, werde dem Vorschlag der SPD, die Vereinbarungen in der Postbranche »auf sämtliche Konkurrenzfirmen« zu übertragen, nicht zustimmen. Am 19. September titelte *Bild*: »Mindestlohn – ist das wirklich gut für die Beschäftigten?« Nur noch eine rhetorische Frage: »Nein, sagen Experten!« Zitiert wurde der »Wirtschaftsweise« Professor Wolfgang Franz: »Die Erfahrung zeigt, dass Mindestlöhne Jobs kosten, vor allem bei den Geringqualifizierten.« Ein Mitarbeiter dürfe ein Unternehmen nicht mehr kosten, als er der Firma einbringt. Genau diese Gefahr bestehe bei Mindestlöhnen. Franz: »Da können die Arbeitskosten vor allem bei Geringqualifizierten so stark steigen, dass sich die Anstellung für den Betrieb nicht mehr lohnt.« Nach Berechnungen des Ifo-Instituts würde ein bundesweiter Mindestlohn von 7,50 Euro/Stunde rund 1,1 Millionen Arbeitsplätze in Deutschland vernichten. Das Bundeskabinett wolle dagegen zum 1. Januar 2008 einen »erheblichen Mindestlohn« einführen. Wirtschaftsminister Michael Glos: »Hohe Löhne nützen aber nichts, wenn es dafür keine Arbeit gibt.« Am 20. Septem-

„Hohe Löhne nützen nichts, wenn's dafür keine Arbeit gibt"

BILD-Interview mit Bundeswirtschaftsminister Michael Glos (CSU, Foto)
Von VERENA KÖTTKER

BILD: **Herr Minister, Sie sind gegen gesetzliche Mindestlöhne. Gönnen Sie den Menschen kein anständiges Einkommen?**

Michael Glos: Natürlich will ich anständige Löhne für gute Arbeit. Hohe Löhne nützen aber nichts, wenn es dafür keine Arbeit gibt. Zum Mindestlohn gibt es klare Verabredungen in der Koalition. Sie sollen die Beschäftigten schützen, wo es unbedingt nötig ist. Mindestlöhne sind aber nicht zum Schutz einzelner Unternehmen vor unliebsamer Konkurrenz gedacht. Allen Menschen, die nicht allein von ihrer Arbeit leben können, sichert der Staat schon jetzt ein Mindesteinkommen.

Foto: M. URBAN

Bild-Zeitung vom 19.9.2007

MINDESTLOHN? Dann gehen wir pleite!

Berlin – Der Beschluss im Kabinett fiel einstimmig. Damit wurde der erste Schritt für einen Mindestlohn bei Briefträgern gemacht. Allerdings ist weiter unklar, wann er kommt und wie hoch er sein wird.

DER STREIT IN DER GROSSEN KOALITION GEHT WEITER!

Mittendrin: Kanzlerin Angela Merkel: Sie hat der SPD den Post-Mindestlohn zugesagt – aber die CDU/CSU-Bundestagsfraktion stellt sich quer, will bremsen.

Was bedeutet der Beschluss, die Post-Branche in das sog. Entsendegesetz aufzunehmen?

Ein Regierungssprecher sagte gestern: „Die Kabinettsentscheidung bedeutet nicht, dass es automatisch zu einem Mindestlohn kommt." In den kommenden Wochen muss geprüft werden, ob der vom Arbeitgeberverband Post-Dienste und der Gewerkschaft Ver.di ausgehandelte Tarifvertrag (9,80 West/9 Euro Ost) die Bedingungen erfülle, um auf die ganze Branche übertragen werden zu können. Gebunden wären dann auch die neuen Wettbewerber der Post (PIN, TNT).

HAKEN: Der Tarifvertrag vertritt möglicherweise weniger als 50 Prozent der Arbeitnehmer der Branche – zentrale Bedingung für die Allgemeinverbindlichkeit. Vize-Kanzler Franz Müntefering glaubt allerdings: Die 50 Prozent sind „weit, weit übererfüllt".

Die Konkurrenten der Post übten scharfe Kritik an der Vereinbarung, von der sie sich übergangen fühlen. Sie waren an den Tarifverhandlungen nicht beteiligt. In der CDU/CSU-Fraktion herrscht große Unruhe – wegen der Art, wie der Tarifvertrag zustande gekommen ist. „Geschäft zu Lasten Dritter", heißt es wütend.

Die Ausweitung des Entsendegesetzes betrifft laut Müntefering nur die Briefdienste. Dazu gehören Briefträger sowie Sortierer und Fahrer von Briefen.

„Müsste Bäckerei schließen"

Bäckermeister Roland Kloppe (46), Dresden, 8 Angestellte: „Ich zahle meinen Mitarbeitern pro Stunde durchschnittlich 7,43 Euro. Mehr geht derzeit nicht. Bei einem höheren Mindestlohn müsste ich Personal entlassen, notfalls die Bäckerei sogar schließen."

„Kann Salon dichtmachen"

Friseursalon-Besitzerin Brit Unverricht (37), „Salon Brit", Leipzig, 6 Mitarbeiter: „Ich bezahle 6 Euro pro Stunde. Mehr ist beim besten Willen nicht drin. Sollte ein Mindestlohn kommen, z. B. 7,50 Euro, wie von Gewerkschaften gefordert, müsste ich zunächst Personal einsparen, später ganz dichtmachen."

„Das Aus für mein Geschäft"

Taxi-Unternehmer Gerhard Willhalm (52), München, 30 Mitarbeiter: „Unsere Fahrer sind umsatzbeteiligt, verdienen in einer Tagschicht zwischen 4,50 und 6,50 Euro die Stunde. Wenn ich Mindestlöhne von 7,50 Euro und mehr bezahlen müsste, wäre ich pleite – denn ich mache ja nicht automatisch mehr Umsatz."

„Könnte nicht überleben"

Sicherheitsdienst-Chef Udo Werner (54), Firma BSD, Dortmund, 28 Mitarbeiter: „Ich zahle zwischen 7 Euro und 7,40 Euro/Stunde, je nach Leistung. Schon ein Mindestlohn von 7,50 Euro wäre ein Problem, denn wir würden viele Aufträge verlieren. Aber ohne die können wir dauerhaft nicht überleben."

Bild-Zeitung vom 20.9.2007

ber titelte *Bild*: »Mindestlohn? Dann gehen wir pleite.« Zitiert werden ein Bäcker, eine Friseuse, ein Taxi-Unternehmer und der Chef eines Sicherheitsdienstes.

Am 28. September 2007 meldet *Bild*: »Die Dienstleistungsgewerkschaft ver.di will keine Tarifgespräche mit den neuen Brief- und Zustelldiensten führen«, »Ein Mindestlohn für die Post-Branche würde bis zu

US-Nobelpreisträger warnt vor Mindestlohn

Hamburg – Der geplante Mindestlohn in der Postbranche sorgt weiter für Kritik! US-Wirtschafts-Nobelpreisträger James Heckman, warnt die Bundesregierung vor Einführung des Post-Mindestlohns. Heckman zu BILD: „Es ist doch bekannt, dass Mindestlöhne vor allem gering qualifizierten Beschäftigten schaden. Sie verlieren dann ihre Jobs. Ein Mindestlohn hilft denen, die bereits mehr verdienen. Sie behalten ihre Jobs." *(jan)*

Bild-Zeitung vom 5.10.2007

50.000 Arbeitsplätze vernichten. Dies befürchtet das Bundeswirtschaftsministerium«. Am 4. Oktober mimt Florian Gerster den besorgten Arbeitgeberpräsidenten: »Der deutsche Arbeitsmarkt bietet für Menschen mit einfacher Qualifikation zu wenig Arbeit. Deshalb brauchen wir Arbeitsplätze, die man auch ohne Abitur erbringen kann.« Schon am nächsten Tag alarmiert *Bild* wieder die Nation: »US-Nobelpreisträger warnt vor Mindestlohn« (das wird dann am 12.10. in einem Interview mit einem weiteren Wirtschafts-Nobelpreisträger vertieft: »Mindestlohn hilft euch Deutschen nicht!«

BILD-Interview mit dem Wirtschafts-Nobelpreisträger Prof. Edmund Phelps (74)*

Mindestlohn hilft euch Deutschen nicht!

Edmund Phelps (74)

Foto: HANS-CHRISTIAN PLAMBECK

Von STEFAN ERNST und MARTIN WOHLRABE

BILD: **In Deutschland wird erbittert über die Einführung von Mindestlöhnen gestritten – was empfehlen Sie unseren Politikern?**

Prof. Phelps: Ich war nie ein Freund gesetzlicher Mindestlöhne und rate dringend davon ab! Sie sorgen für das Gegenteil von dem, was sie erreichen sollen. Sie erhöhen die Kosten der Firmen künstlich, sodass weniger Geringqualifizierte beschäftigt werden – damit ist niemandem geholfen.

BILD: **Haben Sie einen besseren Vorschlag?**

Phelps: Ich bin auch dafür, die niedrigsten Löhne anzuheben. Aber: Ein viel besserer Weg, der auch noch neue Jobs schafft, ist der Kombi-Lohn. Wenn der Staat Niedriglöhne von beispielsweise fünf Euro pro Stunde durch Zuschüsse an den Arbeitgeber auf acht oder neun Euro aufstockt, wäre das für Betriebe und Beschäftigte hoch attraktiv.

BILD: **Reichen die bisherigen Arbeitsmarktreformen, Stichwort Agenda 2010, aus?**

Phelps: Ich bin überrascht, dass die Reformen beim Arbeitslosengeld zum Teil zurückgeschraubt werden sollen. Bitter nötig wären jetzt weitere Reformen, die die Schaffung von Arbeitsplätzen ankurbeln – und nicht solche, mit denen der Rückwärtsgang eingelegt und in die Gegenrichtung gefahren wird.

BILD: **Kann es jemals wieder Vollbeschäftigung geben?**

Phelps: Ich kann mir ein Absinken der Arbeitslosenquote auf drei Prozent gut vorstellen! Allerdings muss dazu eine neue, Dynamik-orientierte Wirtschaftspolitik den Unternehmergeist in Deutschland neu beleben. Ihr braucht einen Innovations-Schub, der die Bürger begeistert! Wenn wieder mehr Firmen, Ideen und Produkte entstehen, brummt die Wirtschaft, und der Aufschwung kann weiter gehen.

**Phelps lehrt an der Columbia-Universität New York Politische Ökonomie. Er bekam den 2006 Nobelpreis für seine Forschung über die Marktwirtschaft. Er hält heute die Ludwig-Erhard-Rede der Initiative Neue Soziale Marktwirtschaft*

Bild-Zeitung vom 12.10.2007

Mindestlohn?

Der kostet uns den Job!

Berlin – **Der Streit um die Einführung weiterer Mindestlöhne in Deutschland verschärft sich!**

Die privaten Postkonkurrenten warnten am Wochenende erneut davor, dass eine Mindestlohn-Höhe von bis zu 9,80 Euro pro Stunde bis zu 50 000 Jobs gefährdet. Laut „Spiegel" will auch Kanzlerin Angela Merkel (CDU) jetzt verhindern, dass die geplanten Mindesteinkommen für Briefträger für die ganze Branche gelten. Mit juristischen Schritten drohte der Präsident des Arbeitgeberverbandes „Neue Brief- und Zustelldienste", Florian Gerster, in der „WiWo": Sollten Löhne bis zu 9,80 Euro pro Stunde für allgemeinverbindlich erklärt werden, „dann wird die politische Frage zu einer rechtlichen".

In BILD sagen drei Arbeitnehmer, warum ihnen der Mindestlohn Angst macht.

„Klingt gut, macht aber arbeitslos!"

Taxifahrer Wahid Hosseine (27) aus Hamburg: „Ich verdiene zwischen fünf und sechs Euro die Stunde. Mindestlohn klingt ja ganz gut, aber ich habe Angst, dass er mich arbeitslos macht. Mein Chef könnte das nicht bezahlen – dem bleibt dann gar nix anderes übrig, als einen von uns zu entlassen."

„Lieber sichere Arbeit!"

Friseurin Kathleen Thalheim (22) aus Leipzig: „Ich bekomme zurzeit sechs Euro in der Stunde. Bei 7,50 Euro Mindestlohn müsste mich meine Chefin wahrscheinlich gleich wieder entlassen. Dann arbeite ich lieber für weniger Geld, habe aber dafür einen sicheren Job!"

„Meine Chefin kann das nicht zahlen"

Verkäuferin Daniela Klee (18) aus Dortmund: „Ich arbeite als Teilzeitkraft in einem Schuhgeschäft, verdiene 5,50 Euro pro Stunde. Das ist zwar nicht viel – aber besser, als keinen Job zu haben. Meine Chefin könnte sich höhere Personalkosten nicht leisten, würde eine von drei Stellen streichen."

Bild-Zeitung vom 8.10.2007

Am 8. Oktober veröffentlicht das Blatt sogar eine ganze Seite zu dem Thema. Längst geht es nicht mehr nur um den Mindestlohn allein in der Postbranche. »Bild« macht vorsorglich schon Stimmung gegen einen immer öfter diskutierten flächendeckenden gesetzlichen Mindestlohn. Vorgestellt werden zwei junge Frauen (eine Verkäuferin, eine Friseurin) und ein junger Taxifahrer. *Bild* titelt: »Mindestlohn? Der kostet uns den Job!« Die drei argumentieren in *Bild* für ihre Chefs, die sich nicht einmal einen Mindestlohn von 7,50 Euro leisten könnten. Obwohl sie nur 5,50 Euro die Stunde verdient, will die Verkäuferin nicht klagen: »Das ist zwar nicht viel – aber besser, als keinen Job zu haben.« Und der Taxifahrer sorgt sich laut *Bild*: »Mindestlohn klingt ja ganz gut, aber ich habe Angst, dass er mich arbeitslos macht. Mein Chef könnte das nicht bezahlen – dem bleibt dann gar nix anderes übrig, als einen von uns zu entlassen.«

Am 7. und 8. Oktober erscheinen schließlich ganzseitige Anzeigen, die Bundeskanzlerin Angela Merkel und den damaligen Arbeitsminister Franz Müntefering zeigen – lachend und mit einer gelben Briefträgermütze auf dem Kopf. Die Bildunterschrift: »Liebe Frau Merkel, lieber

Die Welt vom 8.10.2007

Bild am Sonntag vom 7.10.2007

Herr Müntefering, Sie wurden gewählt, um für Deutschland zu arbeiten und nicht für die Post«. Schließlich erscheint noch ein Motiv, das Post-Chef Zumwinkel, die Kanzlerin und den Arbeitsminister als lachendes Trio zeigt (siehe die Abbildung auf S. 50). Die Bildlegende: »Die Abschaffung des Postmonopols ist uns ein sehr ernstes Anliegen.«

Verantwortlich für die Anzeigenkampagne ist eine anonyme »Initiative Deutscher Zeitungen«. Die greift selbst die überaus wirtschaftsfreundliche Bundeskanzlerin Angela Merkel heftig an. Anzeigentext: »Die Bundeskanzlerin ist gegen Mindestlöhne. Außer bei der Post, da ist sie plötzlich dafür. Warum? Dem Staat gehören auch 30% der Post. Die hat einen Tarifvertrag ausgehandelt, der sie aber selbst kaum betrifft. Die neuen Postunternehmen würde er in den Ruin treiben. Hier geht es nicht etwa um soziale Gerechtigkeit, sondern um das heimliche Aufrechterhalten des Postmonopols. Jeder weiß, kleine private Postdienstleister können diese hohen Löhne noch nicht zahlen. Dadurch werden ca. 50.000 neue Arbeitsplätze vernichtet, die gerade für ungelernte Arbeitnehmer ideal sind. Die Bundesregierung aber kann weiterhin an ihren Aktien und am überzogenen Porto verdienen.«

Auch hier erfahren die Leser wieder nicht die enormen wirtschaftlichen Eigeninteressen des Springer-Konzerns, dem 71% des Postdienstleisters PIN AG gehören. Springer, der »kleine private Postdienstleister«?

Post-Vorstandschef Klaus Zumwinkel bezeichnete die »Kampagne des Springer-Konzerns« äußerst empört als »sehr unübliche Vorgehensweise im Wirtschaftsleben«. Die Post stornierte daraufhin Anzeigen im Wert von rund 800.000 Euro, die bei Springer erscheinen sollten. In der Tageszeitung *Die Welt*, dem so genannten journalistischen Flaggschiff des Springer-Konzerns, kritisierte dessen Sprecherin Edda Fels die Entscheidung der Post. Es sei erstaunlich, »wie offensichtlich unsouverän ein international agierender Großkonzern und Noch-Monopolist auf das unternehmerische Investment eines potenziellen Wettbewerbers reagiert«. Immerhin erwähnte das Blatt, der Springer-Verlag sei »maßgeblich am Post-Konkurrenten PIN Group beteiligt«.

Sehr kritisch bewertete Michael Konken, Vorsitzender des Deutschen Journalistenverbandes, die Springer-Strategie. Gegenüber dem Fernsehmagazin *Report Mainz* erklärte er: »Die *Bild*-Zeitung ist Leitmedium, aber viele andere Zeitungen gehören auch zum Konzern. Und

Post-Chef will die Wettbewerber „bluten lassen“

Streit über Mindestlohn: Konzern storniert Anzeigen bei Verlagen - Volumen von rund 800 000 Euro - Besonders Zeitungen von Axel Springer betroffen

Berlin/Moskau – Im Streit um Mindestlöhne für Briefzusteller hat die Deutsche Post Werbeaufträge für Verlage gestoppt. Post-Vorstandschef Klaus Zumwinkel sagte in Moskau, für die restlichen Wochen des Jahres seien aus dem Werbeetat des Konzerns 800 000 Euro gestrichen worden. Zu den betroffenen Verlagen zähle vor allem der Medienkonzern Axel Springer (unter anderem „Bild“, WELT).

Springer-Sprecherin Edda Fels bestätigte die „Stornierung sämtlicher Anzeigenaufträge“. Nach ihren Worten ist es schon erstaunlich, „wie offensichtlich unsouverän ein international agierender Großkonzern und Noch-Monopolist auf das unternehmerische Investment eines potenziellen Wettbewerbers reagiert“.

Post-Chef Klaus Zumwinkel

Axel Springer ist maßgeblich am Post-Konkurrenten Pin Group beteiligt. In mehreren Zeitungen, darunter solchen, die zum Verlag Axel Springer gehören, waren in den vergangenen Tagen großformatige Anzeigen deutscher Verlage erschienen, in denen die Bundesregierung und die Deutsche Post wegen der Entscheidung zur Einführung von Mindestlöhnen angegriffen worden waren. In den Anzeigen wurde darauf hingewiesen, dass der jetzt geplante Mindestlohn von acht Euro bis 9,80 Euro für Briefzusteller Zehntausende Arbeitsplätze bei privaten Briefdiensten gefährde. Die größten privaten Zustelldienste sind die Pin Group sowie TNT Post. Daneben betreiben zahlreiche kleine und mittelständische Verlage eigene Briefzustellfirmen.

Zumwinkel sagte, es sei „eine Kampagne des Springer-Konzerns“, der die Post und auch ihren Vorstandschef persönlich angreife. „Das ist eine sehr unübliche Vorgehensweise im Wirtschaftsleben“. Zumwinkel sagte, sein Konzern könne auch nach Wegfall des Briefmonopols Ende 2007 bessere Preise und Leistungen bieten: „Ich will die Wettbewerber bluten lassen.“ Springer-Sprecherin Fels entgegnete, es habe sich um eine Aktion mehrerer deutscher Zeitungsverlage gehandelt „und keine der Axel Springer AG“. In einem „lebendigen und fairen globalen Wettbewerb“ sollten „Strafaktionen insbesondere gegenüber Medien“ tabu sein. „Andere müssen sich nun ernsthaft fragen: Heute Springer, und wer ist morgen dran?“

Der Post-Vorstand sei in die Werbestopp- Entscheidung „nicht involviert“ gewesen, sagte Konzernsprecher Manfred Harnischfeger in Moskau. Für die Entscheidung habe es eine „ breite Motivlage“ gegeben, bei der die Anzeigenkampagne gegen die Post sicherlich auch eine Rolle gespielt habe. Die Stornierung betreffe nur etwa ein Prozent des gesamten jährlichen Werbebudgets der Post. Hauptsächlich handele es sich um geplante Anzeigen der Post-Tochter Postbank. Der Bonner Konzern gab nach eigenen Angaben zuletzt rund zehn Mio. Euro jährlich für Werbung in Axel-Springer-Publikationen aus.

Zu Überlegungen der Post, selbst mit einer Gratiszeitung an den Markt zu gehen und den Verlagen damit auf ihrem eigenen Gebiet Konkurrenz zu machen, sagte Konzernchef Zumwinkel, dies werde wohl nicht kommen. Die Post stehe aber gerne bereit, eine solche Zeitung in Deutschland an die Leser zu bringen: „Wenn eine Gratiszeitung in Deutschland kommt, würden wir mit Freude das Produkt in unsere Netze aufnehmen“. Die Post liefert auch Zeitungen für Springer aus. *dpa/rtr/nic*

Die Welt vom 15.10.2007

wenn dann schon auch in anderen Medien, so oder so ähnlich berichtet wird wie in der *Bild*-Zeitung, dann schleicht sich doch der Verdacht ein, dass hier eine Linie vorgegeben wurde, die dann journalistisch umgesetzt wurde, vorbei an der Objektivität. Mit Verschweigen auch anderer Fakten, anderer Meinungen, und so auch Menschen draußen manipuliert werden.« Professor Rudolf Hickel von der Universität Bremen unterstrich gegenüber *Report Mainz*: »Die Kalkulation geht nicht mehr auf. Wenn ich auf Niedriglöhne, auf Billiglöhne spekuliere und durch die Politik Mindestlöhne vorgeschrieben bekomme, dann ist das Investment nicht mehr rentabel, und daraus versteht sich alles andere.« Im selben Magazinbeitrag äußerte sich auch der Wirtschaftswissenschaftler Stefan Sell, Professor an der Fachhochschule Koblenz: »Hinter der PIN Gruppe steht der Springer Verlag und der Springer Verlag hat ein ganz zentrales strategisches Interesse an diesem Unternehmen. Denn mit diesem Unternehmen kann es dem Springer Verlag gelingen, den Briefmarkt in Deutschland nach der Freigabe im kommenden Jahr aufzurollen.«

Springer-Chef Mathias Döpfner wollte *Report Mainz* kein Interview zum Thema geben. Die Springer-Pressestelle erklärte stattdessen schriftlich, warum die *Bild*-Zeitung in ihren Berichten wochenlang nicht auf die Konzerninteressen beim Postdienstleister PIN hingewiesen hatte: »Wenn über das Thema Mindestlöhne berichtet wird, ist das nicht ein Thema der PIN, sondern betrifft in erster Linie alle privaten Postdienstleister.«

Der Kieler PIN-Zusteller Lothar Daniel, der sich für einen Betriebsrat des Unternehmens in Norddeutschland engagiert, empört sich mit vielen seiner Kollegen über die Berichterstattung der *Bild*-Zeitung. »Unsere Position wird nicht vertreten, sondern es wird immer nur das Gegenteil geschrieben. Ich sehe da irgendwie Positionen von irgendwelchen Leuten, die sich die Taschen voll machen wollen und das auf unserem Rücken im Endeffekt. Und das kann es irgendwo nicht sein.« Und weil Lothar Daniel seine Kritik öffentlich macht und sich nicht scheut, sie auch vor laufender Kamera zu äußern, will PIN ihn loswerden. Gewerkschafter Daniel kämpft jetzt gegen seine Entlassung.

Geschäftsmodell Lohndumping

Oder: Wer das Internet verschläft, den bestrafen (nicht nur) die Anzeigenkunden

Schon seit einigen Jahren kämpfen Zeitungs- und Zeitschriftenverleger mit sinkenden Verkaufszahlen und dem Abwandern ganzer Anzeigenmärkte ins Internet. Viele der kleineren Verlage und regionalen Verleger stecken in wirtschaftlichen Schwierigkeiten. Vor allem das in der Vergangenheit weitgehend problemlose einträgliche Anzeigengeschäft stagniert.

Diese Entwicklung kam nicht überraschend, sie war von vielen Fachleuten und Medienwissenschaftlern lange vorhergesehen worden. Auch Gewerkschaften und Journalistenverbände haben darauf hingewiesen und dazu aufgerufen, sich mit neuen Verlagskonzepten auf die veränderte Situation einzustellen.

Aber die Verleger haben die Warnungen ignoriert und den Wandel im Anzeigenmarkt schlicht verschlafen, der eine wichtige Grundlage ihres wirtschaftlichen Handelns dargestellt hat. Wo früher in den Blättern mit Kleinanzeigen für gebrauchte Autos geworben worden ist, wo teure Annoncen für den Kauf und Verkauf von Immobilien geschaltet wurden, da herrscht heute Flaute. Auch Anzeigen für Vermietungen und Mietgesuche, ja selbst Kontaktanzeigen, aber auch Inserate für Kinowerbung sind merkbar zurückgegangen. Wer heute in diesen Bereichen Kunden werben will, Informationen anbietet oder Interessenten sucht, kann das im Internet besser und erfolgreicher tun. Die elektronischen Medien funktionieren zielgenauer, schneller, bequemer und sind vor allem billiger.

Die Verlagsbranche hat vor diesen Veränderungen viele Jahre die Augen verschlossen. Die Presse war somit auf diese strukturelle Krise nicht vorbereitet. Jetzt versuchen die Verleger, das verlorene Terrain mit neuen Geschäftsmodellen zu kompensieren.

Abonnenten sterben aus – der Werbemarkt bricht ein

Das ist aber nicht alles, was die Branche schwächt. Gleichzeitig sind weitere Änderungen eingetreten, die Verlage sogar in doppelter Weise treffen: Die älteren Leser – über viele Jahre die treuesten Zeitungsabonnenten – sterben weg. Die Abonnements und die dadurch garantierten Einnahmen waren eine sichere, zuverlässige und planbare Grundlage für das Geschäft. Doch die Gesamtauflage der Tageszeitungen ist von 27 Millionen im Jahr 1991 auf 20 Millionen im Jahr 2007 gesunken. Neue Abonnenten zu werben, erfordert aufwändige, kostspielige Kampagnen. Aber auch die allergrößten Anstrengungen sind selten von Erfolg gekrönt, denn von den jungen Lesern werden weit weniger Abonnements abgeschlossen, als dies früher der Fall war. Die Hoffnung, die Auflagen zu steigern und Jüngere als neue Leser und Abonnenten gewinnen zu können, geht nicht in Erfüllung, denn die Lesegewohnheiten der jungen Generationen haben sich gleichlaufend verändert.

Durch den Konsum der kommerziellen Fernsehprogramme und die Nutzung elektronischer Medien hat in dieser Gruppe das Lesen abgenommen. Für Zeitungen und Zeitschriften wird weniger Geld ausgegeben. Jugendliche und junge Erwachsene besorgen sich heute Infor-

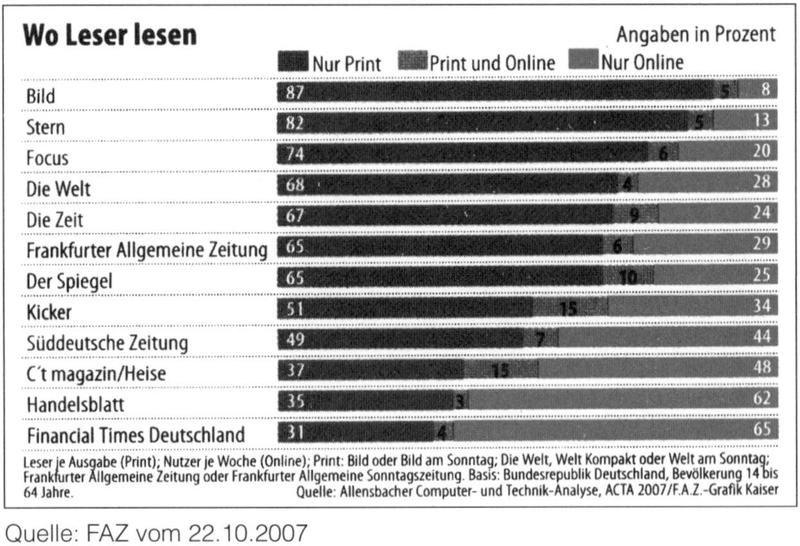

Quelle: FAZ vom 22.10.2007

mationen aus anderen Quellen und immer weniger aus Printmedien. Alle Unternehmen, die darauf nicht vorbereitet waren, trifft diese veränderte Mediennutzung hart. Das Zeitungssterben ist die Folge. Davon betroffen waren zunächst vor allem kleinere Verlage und klassische Verlegerfamilien. Viele haben ihren Zeitungstitel verkauft und versucht, in dieser Situation Kasse zu machen, so gut es ging. Andere wurden von den Großen in der Branche geschluckt, denn diese sind am Abonnentenstamm dieser Zeitungen interessiert und froh, wenn ein Mitbewerber verschwunden ist, der auch im Anzeigenmarkt nicht mehr als Konkurrent auftritt.

Durch den Auflagenverlust fehlen den Verlagen nicht nur die Einnahmen aus dem Vertrieb, sondern erst recht die aus dem Anzeigengeschäft. Sinkende Auflagen ziehen gerade bei der Werbung empfindliche Verluste nach sich, und fehlende Einnahmen machen sich in den Bilanzen durch rote Zahlen bemerkbar. Die Anzeigenverluste haben eine noch dramatischere Auswirkung, denn es entsteht eine Spiralwirkung: Aufgrund der niedrigeren Auflagenzahlen erreicht die werbetreibende Wirtschaft mit einer Anzeige weniger Konsumenten. Um die gleiche Anzahl Leser mit Werbung zu erreichen, müssen mehr Anzeigen geschaltet werden. Faktisch ist Werbung bei niedrigeren Auflagen teurer. Wenn Verlage trotzdem im Geschäft bleiben und viele Anzeigen verkaufen wollen, müssen sie beim Preis nachgeben und die Tarife für Anzeigen senken. Und das wirkt sich negativ auf den Gewinn aus.

In der Branche herrscht also nicht von ungefähr Krisenstimmung. Über Erfolg versprechende Strategien gibt es keine Einigkeit, und die Konzepte, die ins Spiel gebracht werden, erweisen sich als äußerst widersprüchlich. Die großen Verlage reagieren teilweise hilflos, sie werfen neue Titel auf den Markt, in der Hoffnung, neue Leserschichten zu erreichen, und streichen gleichzeitig Stellen. Sie versuchen im selben Atemzug, jahrelang Versäumtes nachzuholen und gleichzeitig mit Millioneninvestitionen »Zwei-Säulen-Strategien« zu entwickeln: Dabei werden, um ja den Anschluss nicht zu verpassen, einerseits Internet-Ausgaben von bestehenden Printtiteln ins Netz gestellt und andererseits neue Online-Angebote rund um Medien und E-Commerce entwickelt, ohne dass die Beteiligten wissen, wohin die Reise geht.

Bild-Zeitung vom 8.10.2007

Neues Geschäftsmodell Briefgeschäft

Nur so lassen sich auch die Hektik und die emotionalen Reaktionen der Zeitungsverleger erklären, mit denen sie im Herbst 2007 Bundesarbeits- und Sozialminister Franz Müntefering, Bundeskanzlerin Angela Merkel und den Vorstand der Post AG Klaus Zumwinkel in der Diskussion über einen Mindestlohn für Briefzusteller mit Anzeigen persönlich angreifen. Sie reagieren unberechenbar, weil sie sich mit ihrem Einstieg in das Briefgeschäft auf einen Markt eingelassen haben, in dem sie keine Erfahrung haben.

Welche Auswirkungen das hat, lässt sich am Beispiel des Springer-Konzerns zeigen. Der seit Anfang 2002 als Vorstandsvorsitzender agierende Matthias Döpfner verordnete dem Unternehmen einen rigiden Sparkurs, 19% der fast 14.000 Mitarbeiter mussten bis Ende 2003 gehen. Umgekehrt gab es im Jahr 2001 Neugründungen von Männermagazinen und Jugendzeitschriften und in Osteuropa wurden zahlreiche neue Titel aufgelegt. Manche waren erfolgreich, aber die meisten überstanden den Markttest nicht. Beim Internetportal *bild.de* ging Springer eine Kooperation mit *T-Online* ein. Die Auswirkungen spiegeln sich im Geschäftsbericht wider. Nachdem der Axel-Springer-Verlag schon im Boom-Jahr 2000 weniger Gewinn gemacht hatte als im Vorjahr, wies der Geschäftsbericht für das Wirtschaftsjahr 2001 erstmals seit dem Bestehen des Unternehmens einen Verlust von 198 Millionen Euro aus. Für erhebliche Belastungen sorgten Rückstellungen im Zusammenhang mit dem massiven Personalabbau.

Das Verlagsgeschäft umfasst bekanntlich nicht nur die redaktionelle Herstellung und technische Produktion der Medien, sondern auch deren Vertrieb und Verteilung. Wenn die Zahl der Abonnenten von Zeitungen und Zeitschriften zurückgeht, hat das auch Folgen für diesen Bereich. Der Vertrieb ist vor allem für die Verlage, die mit ihrer Zeitung in der jeweiligen Region eine Monopolstellung haben, von großer Bedeutung. Er stellt einen enormen strategischen Faktor dar, um das Monopol aufrecht zu halten und sich gegen Wettbewerber abzuschotten oder diese zumindest in Schach zu halten. Nur dann lassen sich hohe Anzeigenpreise durchsetzen oder halten. Der Aufbau und der Unterhalt des eigenen Zustelldienstes ist für Verlage zwar sehr kostspielig, aber nichts ist zu teuer, wenn es gilt, damit Wettbewerber vom Markt zu drängen.

Der Weg, die Zeitungszusteller auszudünnen oder das eigene Vertriebsnetz gar zu streichen, um Kosten zu sparen, wäre kontraproduktiv. Bereits in den 80er Jahren des letzten Jahrhunderts haben die Verlage die Kosten auf dem Rücken der Beschäftigten gesenkt. Und schon vor Jahren hatten die meisten Zeitungsverlage ihre Zusteller in Tochtergesellschaften ausgegliedert, die eigene Geschäftszweige bildeten. Weil die Verleger nicht mehr bereit waren, die relativ hohen Tariflöhne der Druckbranche zu zahlen, die sie mit der IG Druck und Papier ausgehandelt und vereinbart haben, wurden die Zeitungszusteller nach und nach in diese Billigtöchter ausgegliedert. Die Folge: niedrigere Löhne, schlechtere Sozialleistungen und Firmenstrukturen, die Betriebsräte unmöglich gemacht oder deren Bildung erheblich erschwert haben (siehe den Kasten »Die üblen Tricks der Arbeitgeber«). Was sich heute bei den neuen Postdiensten abspielt, ist die Fortsetzung der Geschehnisse vor 20 Jahren mit anderen Mitteln. Die Zeitungsverlage verfügen nicht erst seit jüngster Zeit über Tricks und Methoden, wie man Mitarbeiter mit geringen Entgelten und Dumpinglöhnen abspeisen kann.

Statt das eigene Zeitungszustellnetz auszudünnen, haben sich viele Verlage dafür entschieden, die Zeitungsausträger, die in den vergangenen Jahren immer weniger stark ausgelastet waren, mit anderen Produkten zu versehen, die sich bei der Zustellung quasi nebenbei mit erledigen lassen.

Die so genannte Liberalisierung des deutschen Briefmarktes seit dem Jahr 1998 (siehe dazu das Kapitel »Schneckenpost ade?«) brachte die mit einer sinkenden Anzahl von Abonnementkunden und rückläufigen Werbeeinnahmen kämpfenden Verlagsgesellschaften der Tageszeitungen und Anzeigenblätter auf die Idee, in das Briefgeschäft als neuen Geschäftszweig einzusteigen. Damit konnten einerseits die Zeitungsausträger wieder besser ausgelastet werden, andererseits erhofften die Unternehmen sich in diesem Sektor satte Gewinne.

Über die Zeitungsausträger in diesen Firmen wurden die ersten Briefsendungen verteilt. Sobald die Sendungsmengen größer wurden, erfolgte die Zustellung über die vorhandenen oder mit eigens beschäftigten Briefzustellern.

Das Geschäftsmodell scheint einleuchtend: Die Verlage können auf das bereits vorhandene Zustellnetz, die Infrastruktur, das Know-how

Die üblen Tricks der Arbeitgeber

Trick Nummer eins

Landauf, landab sind die Zeitungsträger nicht mehr direkt bei ihrer Zeitung angestellt, sondern bei so genannten Vertriebsgesellschaften, deren Inhaber formal nur noch wenig mit dem Verlag zu tun haben. Allein die »Rheinpfalz« hat in den vergangenen Jahren ihr Vertriebssystem in mehr als zwei Dutzend solcher »selbständiger« Unternehmen aufgesplittert. Und das trägt dann dazu bei, dass die Rahmenbedingungen für die Entlohnung der Trägerinnen zunehmend unübersichtlicher werden, dass die ArbeitnehmerInnen gegeneinander ausgespielt werden und die jeweiligen Chefs besser auf die Tränendrüse drücken können. »Wenn ich euch zahle, was ihr verlangt, dann geht mein Laden pleite und ihr steht auf der Straße!« Die schlichte Form der Erpressung hat nur einen Schönheitsfehler: Die angemessene Bezahlung der TrägerInnen mag zwar das Einkommen der ehemaligen Vertriebsinspektoren schmälern, die jetzt selbständige Unternehmer sind. Aber die TrägerInnen sind nach wie vor unersetzlich; ihr Arbeitsplatz kann nicht wegrationalisiert werden.

Trick Nummer zwei

Die Vertriebsgesellschaften weigern sich, die IG Medien überhaupt als Tarifpartner anzuerkennen. Das sei nicht die zuständige Gewerkschaft, behaupten sie. Es hat eines Prozesses durch zwei Instanzen bedurft, um zweifelsfrei festzustellen, dass die AusträgerInnen selbstverständlich bei den Medien an der richtigen Adresse sind. Diese Auseinandersetzung hat viele ArbeitnehmerInnen bisher daran gehindert, sich der Gewerkschaft anzuschließen. Der Organisationsgrad unter den AusträgerInnen ist bisher dementsprechend niedrig. Weil es keine offiziellen Beschäftigtenzahlen gibt, kann auch nur geschätzt werden, wieviele Arbeitnehmer dieses Berufszweiges bisher ihrer Gewerkschaft angehören; die Zahlen schwanken zwischen 10 und 20%. Und das ist auch nach Meinung der wenigen ArbeitnehmervertreterInnen in den Betriebsräten zu wenig, um einen wirksamen Austräger-Streik in die Wege leiten zu können. Vor möglichen Kampfmaßnahmen muss deshalb erst einmal eine Mobilisierungskampagne kommen. Der Organisationsgrad muss steigen, nur dann haben Tarifverhandlungen eine reelle Chance.

Trick Nummer drei

Die einzelnen Vertriebsgesellschaffen haben keinen gemeinsamen Dachverband bzw. eine Arbeitgeberorganisation. Die Forderungen der AusträgerInnen lassen sich also nicht beispielsweise gegenüber dem Zeitungsverlegerverband durchsetzen, sondern müssten mit unterschiedlichen Organisationen abgeschlossen werden. Und das bedeutet, dass mit großer Wahrscheinlichkeit kein Tarifvertrag abgeschlossen werden kann, der landesweit in Rheinland-Pfalz und im Saarland Gültigkeit hat, sondern viele Haustarifverträge. Selbstverständlich wird es Ziel der Gewerkschaft sein, dass sie möglichst einheitlich sind.

Trick Nummer vier

Bei den Vertriebsgesellschaften sind für ein und dieselbe Tätigkeit die unterschiedlichsten Arbeitsverträge in Kraft. Manche ArbeitnehmerInnen haben gar keinen schriftlichen Vertrag, manche sind laut Papier dazu verpflichtet, dass im Falle einer Erkrankung ein anderes Familienmitglied die Arbeit erledigt – ohne Bezahlung, versteht sich. Manche ZeitungsausträgerInnen wissen noch nicht einmal, welche Rechte ihnen zustehen. Viele von ihnen haben jahrzehntelang sogar bei ihrem Jahresurlaub (in der Regel 15 Arbeitstage!) selbst für »Ersatz« gesorgt, damit die Zeitungen pünktlich beim Konsumenten waren. Sie gaben dann ihren Trägerlohn an die Aushilfen weiter, ohne ihren eigenen bezahlten Urlaubsanspruch geltend zu machen. Auch in diesem Gestrüpp von unterschiedlichen und zum Teil wohl auch sittenwidrigen Verträgen wird es für die Gewerkschaft schwer sein, eindeutige Verhältnisse zu schaffen. In der Regei sind es ja gerade die AusträgerInnen mit den schlechtesten Bedingungen, die am wenigsten zum Aufmucken bereit sind.

Trick Nummer fünf

Die Arbeitgeber haben es bisher listig verstanden, in vielen Einzelfirmen die Bildung von Betriebsräten zu verhindern. Die AusträgerInnen kennen sich untereinander kaum. Sie haben auch keinen festen Arbeitsplatz oder Sozialraum, an dem beispielsweise Mitteilungen der Gewerkschaft ausgehängt werden könnten. Betriebsversammlungen finden allenfalls unregelmäßig statt. Nur dort, wo es bereits einen aktiven Betriebsrat gibt, werden solche Versammlungen auch gut besucht. Es ist deshalb eines der wichtigen Ziele der Gewerkschaftsarbeit in diesem Bereich, dass künftig mehr Betriebsräte gewählt werden und deren Mitglieder eine solide gewerkschaftliche Schulung erhalten, damit sie die Interessen der Beschäftigten auch wirksam vertreten können.

Quelle: RPS Medien 1990/1991

und das vorhandene eingearbeitete Personal zurückgreifen. Sie verfügen über langjährige Erfahrung in der flächendeckenden, regionalen Zustellung von Zeitungen und können mit diesem Zustellnetz den Kunden in ihrem Verbreitungsgebiet ohne großen Aufwand zusätzlich postalische Dienstleistungen anbieten. Das erleichtert den Start enorm und erspart den Rückgriff auf größere Investitionen. Der Einstieg ins Briefgeschäft ist deshalb für die Verlage auch bei anfangs vergleichsweise geringem Sendungsaufkommen wirtschaftlich relativ einfach zu bewerkstelligen. Das ist insbesondere in der Anfangsphase von enormem Vorteil.

2006 waren nach Aussagen des Bundesverbandes Deutscher Zeitungsverleger (BDZV) in Deutschland in vier Fünfteln aller Städte und Gemeinden Verlage als Postdienstleister tätig. Die Zeitungsverlage engagierten sich anfangs überwiegend im lokalen Bereich und konzentrierten sich auf die Zustellung qualitativ hochwertiger Briefsendungen von Geschäftskunden innerhalb ihres Verbreitungsgebietes.

Im Laufe der Zeit haben sich die meisten Zeitungsverlage bzw. deren Brief-Tochtergesellschaften mehr und mehr über Kooperationsabkommen oder als Bestandteil eines überregionalen oder bundesweiten Verbundes miteinander vernetzt, sodass sie ihren Kunden auch einen überregionalen Postversand anbieten konnten. Und wo dies nicht möglich war oder ihnen zu teuer bzw. zu kompliziert erschien, dort haben sie die Briefe bei der Deutschen Post AG aufgegeben, die gesetzlich verpflichtet ist, jede Sendung an jeden Ort zuzustellen, egal wie weit der Zustellweg ist.

PIN war in Berlin eine der ersten Zustellorganisationen, die wie die meisten der neuen Postdienstleister in anderen Stadtstaaten und Städten das Geschäft mit einer Doppelstrategie angefangen haben. Akquiriert wurde in erster Linie Behördenpost, vor allem Postzustellungsaufträge, die hohe Gewinnmargen versprachen, denn Portokosten, die dafür in Rechnung gestellt werden können, liegen erheblich über denen für Normalpost. Der zweite Vorteil liegt darin, dass diese Sendungen nur in einem begrenzten, überschaubaren und beschränkten Raum zugestellt werden müssen, sodass der Aufbau eines kostspieligen Verteilnetzes nicht erforderlich ist. Und schließlich war es politisch einfach klug, der Verwaltung zum Einstieg kostengünstige Preise anzubieten.

Günter Thiel, Vorstandsvorsitzender der PIN Group, bestätigt dies im Jahr 2006: »Zum einen können wir ein niedrigeres Porto anbieten, weil wir auf ein bestehendes System aufsetzen, nämlich der Zeitungszustellung. Bei der eigentlichen Briefzustellung, dem kostspieligsten Bereich der gesamten Beförderung, arbeiten wir also nur mit den zusätzlichen Kosten, den Grenzkosten.«

Diese Strategie hat sich ausgezahlt. Die Berliner Senatsverwaltung war lange die Referenz der PIN-Gruppe. Als nächsten Schritt offerierten die neuen Dienstleister vorrangig Telekommunikationsfirmen Angebote, deren Rechnungen zuzustellen. Das waren Standardbriefe und somit bot sich ein einfaches, lukratives Massengeschäft. Mehrere Tausend Sendungen auf einmal bei einem Kunden zu einem festen Zeitpunkt abzuholen ist einfacher, als viele Briefkästen abzufahren und daraus wenige Briefe zu entnehmen. Standardbriefe mit einem geringen Gewicht sind auch für den Zusteller einfacher zu händeln, wohingegen bereits mit zehn Maxibriefen die Zustellertasche voll ist.

Post für Empfänger, die weit außerhalb von Ortschaften wohnen oder kompliziert zu erreichen sind, wurde einfach in den nächsten gelben Briefkasten der Deutschen Post eingeworfen. Auf diese Weise wurden dem unliebsamen Konkurrenten nicht nur attraktive Aufträge weggeschnappt, sondern ihm auch noch Sendungen mit den höheren Kosten aufgehalst, denn die Post AG darf die Zustellung nicht verweigern. Am Anfang sollen auf diese Weise erhebliche Mengen Postsendungen in den gelben Briefkästen gelandet sein. Nur 60-80% sollen die neuen Dienstleister selbst zugestellt haben. Um ins Geschäft zu kommen, wurde dabei sogar draufgezahlt und in Kauf genommen, dass vom Kunden nur 45 Cent kassiert worden sind, der Brief aber mit dem höheren Postporto von 55 Cent freigemacht werden musste.

Warum es keinen Post-Mindestlohn geben darf

Aus qualitativen Aspekten gibt es für Großversender kaum einen Grund, von der Post zu einem neuen Anbieter zu wechseln. Wenn jemand allerdings den Versand der Geschäftspost zu deutlich geringeren Preisen anbietet, kann ein Großversender durch einen Wechsel eine Menge Portokosten einsparen. Soweit so gut. Problematisch wird die Sache allerdings, wenn ein solcher Preiswettbewerb von PIN und TNT auf Kosten der Arbeitnehmer geführt wird, da sich die günstigen Portopreise nur deshalb rechnen, weil sie ihren Beschäftigten Armutslöhne bezahlen. So etwas nennt man Lohndumping. Weil Postbeschäftigte durch Tarifverträge, die die Gewerkschaft ver.di vereinbart hat, relativ anständig entlohnt werden und sozial gut abgesichert sind, hat die Post AG Personalkosten zu tragen, die es ihr unmöglich machen, sich an diesem Wettbewerb, der die Preisschraube nach unten dreht, zu beteiligen.

Das Geschäftsmodell der neuen Postdienstleister basiert darauf, selbst mit Dumpinglöhnen zu kalkulieren und die Post AG auf dem höheren Lohnniveau zu halten, um sich auf diesem Weg weitere Anteile auf dem Postmarkt zu sichern.

Die Verlagsbranche will gleichzeitig unter allen Umständen verhindern, dass sie von der Mindestlohndiskussion getroffen wird, die sie mit losgetreten hat. Sie hat bisher im Vertrieb eine dreigeteilte Organisationsstruktur. Es gibt Einheiten, die Werbung und Anzeigenblätter flächendeckend an Haushalte verteilen. Diese Zusteller sind überwiegend auf 400-Euro-Basis beschäftigt. Die zweite bisher flächendeckend vorhandene Organisationseinheit stellen die Zeitungsboten dar, die im Niedriglohnbereich beschäftigt sind. Die neue, dritte Gruppe bilden die Postzusteller.

In Zukunft sollen nach den Plänen der Verleger alle drei Gruppen mit der Postzustellung beauftragt werden. Wenn sogar alle drei zu einer Organisationseinheit zusammengefasst werden, oder zumindest die Zeitungsboten und die neuen Postzusteller, werden die Verleger nicht mehr umhinkommen, allen den höheren Mindestlohn zu zahlen. Wenn allen Mindestlohn gezahlt werden muss, scheitert das Konzept, mit Lohndumping und Billigangeboten sich vom Postmarkt einen Großteil des Kuchens abzuschneiden. Jeder Mindestlohn liegt in jedem Fall weit höher als der Lohn, der diesen Beschäftigten bisher bezahlt wird. Inzwischen haben die Verlage gemerkt, dass sie sich damit ins eigene Fleisch schneiden, und daraus erklärt sich der erbitterte Kampf gegen den Post- und letztlich den gesetzlichen Mindestlohn.

Schneckenpost ade?

Marktliberale Verheißungen der Postreform und ihre Kehrseiten

Eine Voraussetzung für das Eindringen der Zeitungsverleger in das Briefgeschäft ist die »Liberalisierung«, sprich die Öffnung des Briefmarktes für neue Anbieter. Liberalisierung ist seit Jahrzehnten das große Schlagwort in Europa, Versprechen und Verheißung für die Beseitigung alles bürokratischen Übels. Wer nach Erfolgsnachweisen oder einer Begründung für die Sinnhaftigkeit fragt, bleibt meist ohne Antwort. Zweifel an dieser Strategie sind politisch nicht opportun.

Die Mehrheit der Entscheider in den europäischen Regierungen, Parlamenten und anderen Gremien leistet dem Trend keinen Widerstand. Ganz im Gegenteil, sie verschaffen den von allen so hofierten »Marktkräften« die parlamentarischen Mehrheiten. Wie in allen anderen Bereichen gibt es diesen Trend auch auf dem Postsektor. Vorher fand aber eine Menge ideologische Feldarbeit statt, um den Acker zu bestellen, auf dem später reichlich geerntet werden sollte. Mit Schreckensbildern von der Schneckenpost wurde die EU-Postdiensterichtlinie publizistisch begleitet und die Liberalisierung der Briefmärkte Schritt für Schritt vorangetrieben.

1994 wurde mit der so genannten Postreform II die Privatisierung der Deutschen Bundespost durch die Umwandlung eines öffentlichen Unternehmens in die privatwirtschaftlich organisierte Deutsche Post AG abgeschlossen. Danach folgte die Liberalisierung des Briefmarktes in Form der schrittweisen Abschaffung des Postmonopols. 1997 wurde zwischen den großen Parteien das Postgesetz abgesprochen, das im Jahr 1998 in Kraft trat und die rechtlichen Grundlagen für die Marktöffnung geschaffen hat.

1998 ist damit das Jahr, in dem in Deutschland die Liberalisierung des deutschen Briefmarktes förmlich eingeleitet wurde. Das war der Abschluss des politischen Großprojekts »Postreform«, das seit Mitte der

1980er Jahre von der konservativ-liberalen Regierung mit allen Tricks und Mitteln vorangetrieben worden war.

Die Beratungen zum deutschen Postgesetz fanden parallel zu den Planungen der Europäischen Union über die »Schaffung eines Binnenmarktes für Postdienstleistungen« statt. Deutschland war von Beginn an Vorreiter bei der Einführung von Wettbewerb im Postsektor. Rückblickend lässt sich feststellen, dass die Bundesregierung den deutschen Briefmarkt schon immer schneller und umfassender liberalisierte, als dies von der EU bis heute in ihren Postrichtlinien verlangt wird.

Die Liberalisierung des Briefmarktes wurde, wie in anderen Ländern der Europäischen Union, auch in Deutschland schrittweise eingeführt, indem die Exklusivlizenz der bisherigen staatlichen Post, das Monopol der Deutschen Post AG, eingeschränkt wurde. Als erster Schritt war es den neuen Anbietern erlaubt, bestimmte Briefsendungen zu übernehmen. Dazu gehörten besonders große Briefe, solche mit einem Gewicht über 200 Gramm und besonders teure Briefe. Sie durften alle Briefe transportieren, die das Fünffache des Preises für eine Postsendung der untersten Gewichtsklasse kosten. Damit wurde dem Monopolisten in einem ersten Schritt Konkurrenz gemacht. Die Grenzen wurden weiter gesenkt: ab dem 1. Januar 2003 auf 100 Gramm und auf weniger als das Dreifache des Referenzpreises. Zum 1. Januar 2006 wurde die Gewichtsgrenze auf 50 Gramm bzw. das Zweieinhalbfache des Referenzpreises reduziert. Nach dem 31. Dezember 2007 sollen auch diese Hürden fallen. Die Mindestpreisgrenze, an der der reservierte Bereich heute endet, liegt bei 1,38 Euro.

Aber bereits diese scheinbar strengen Regelungen wurden von Anfang an aufgeweicht. Der Gesetzgeber hatte den neuen Anbietern darüber hinaus genehmigt, Briefsendungen im Rahmen eines »Dokumentenaustauschdienstes« zu befördern. Kurierdienste konnten damit in diesem Markt ohne Lizenz arbeiten. Die Einschränkungen galten auch für alle diejenigen nicht, die Briefe beim Absender abholen und zu Annahmestellen der Deutschen Post bringen. Ausgenommen waren auch Briefsendungen, die aus Postfachanlagen der Deutschen Post AG abgeholt und dem Empfänger zugestellt werden, und für das Ausland bestimmte Briefe. Ein weiteres Schlupfloch: Konkurrenten der Post war es auch gestattet, Briefsendungen innerhalb der Gewichtsgrenzen der Ex-

Der Einfluss der Europäischen Union

»Die Liberalisierung des deutschen Postsektors vollzog sich im Großen und Ganzen im Einklang mit den von der Europäischen Kommission vorgesehenen Liberalisierungsschritten. In einigen Fällen ging Deutschland sogar über die Vorgaben der EU hinaus und hat das für den Wettbewerb geöffnete Segment des Briefmarktes deutlich schneller ausgedehnt. (...) Bislang haben lediglich Schweden, Finnland und Großbritannien eine vollständige Liberalisierung ihrer nationalen Briefmärkte vollzogen. Deutschland und die Niederlande haben diesen Schritt für 2008 angekündigt. (...) Während sich die ehemaligen staatlichen Postkonzerne aus Deutschland, Schweden, Finnland, Großbritannien und den Niederlanden für eine schnelle europaweite Liberalisierung aussprechen, haben die Incumbents [bei Marktöffnung bereits dort etabliertes Unternehmen, in der Regel der ehemalige Monopolist] aus Frankreich, Belgien, Italien, Spanien und anderen Ländern deutliche Bedenken angemeldet, die vor allem mit der bislang noch ungeklärten Sicherstellung und Finanzierung des Universaldienstes in einem vollständig liberalisierten Postmarkt zusammenhängen.«

Quelle: Torsten Brandt/Kathrin Drews/Thorsten Schulten, Liberalisierung des deutschen Postsektors – Auswirkungen auf Beschäftigung und Tarifpolitik, in: WSI-Mitteilungen 5-2007

klusivlizenz zu befördern, wenn sie im Vergleich zu den Dienstleistungen der Deutschen Post AG eine »höherwertige Leistung« darstellen. Nicht länger gültig war zudem die Exklusivlizenz der Deutschen Post AG für die wirtschaftlich besonders attraktiven »förmlichen Zustellungen« von Schriftstücken von Gerichts- und Verwaltungsverfahren.

Bereits im Jahr 2002 haben die Befürworter den Wegfall dieser Regelung zum Jahresbeginn 2008 gesetzlich ermöglicht. Nach der aktuellen Diskussion soll das Monopol in den Mitgliedsstaaten der Europäischen Union nur noch bis zum Jahr 2011, beziehungsweise bis zum Jahr 2013, zulässig sein.

Die Liberalisierung der Postmärkte ist innerhalb der Europäischen Union unterschiedlich weit fortgeschritten. Insbesondere die süd- und osteuropäischen Länder stehen im Vergleich zu Deutschland noch am Anfang. In Großbritannien dagegen wurde der Briefmarkt bereits im Januar 2006 für den Wettbewerb komplett geöffnet. Die britische Staatspost Royal Mail hat dadurch 19 Konkurrenten bekommen, die sich in erster Linie auf das lukrative Geschäftskundensegment konzentrieren.

Auf EU-Ebene haben nach einer kontroversen Debatte das Europäische Parlament sowie der Ministerrat im Oktober 2007 einen Kompromiss über die weitere Öffnung der Briefmärkte erreicht. Nach dieser Einigung erfolgt die vollständige Öffnung der Briefmärkte in Europa mit Beginn des Jahres 2011. Ab 1. Januar 2008 wird bereits der deutsche Briefmarkt zur Gänze liberalisiert sein. Denn die Bundesregierung sah »keinen Grund für eine Verlängerung der Exklusivlizenz über den 31. Dezember 2007 hinaus, sodass die vollständige Liberalisierung in Deutschland dann vollzogen sein wird«, obwohl die ursprünglich für 2009 geplante Marktöffnung in den EU-Mitgliedstaaten nun auf 2011 oder noch später verschoben wurde.

Elf Mitgliedstaaten wird eine weitere Übergangsfrist von zwei Jahren eingeräumt, bis zu der sie ihre Märkte für den Wettbewerb öffnen müssen: Luxemburg, Griechenland, Lettland, Litauen, Malta, Polen, Rumänien, Slowakei, Tschechische Republik, Ungarn und Zypern. Damit wird die letzte Hürde für den Wettbewerb im Postmarkt in einigen Ländern Europas deutlich später als in Deutschland fallen. Diese spätere Öffnung in den Nachbarländern war auch ein Grund, weshalb in Deutschland ein Mindestlohn für Briefzusteller festgesetzt worden ist.

Mitgliedsstaaten, die bereits 2011 vollständig liberalisiert sind, können den Postunternehmen der Staaten, die erst 2013 ihren Briefmarkt öffnen, in der Zwischenzeit den Marktzutritt verweigern. Dies gilt auch für deren Töchter.

Länder, in denen der Briefmarkt liberalisiert wird, dürfen Universaldienstverpflichtungen nur den bisherigen Universaldienstleistern auferlegen. Damit wird verhindert, dass für neue Wettbewerber eine zusätzliche Markteintrittsbarriere zum Nutzen des bisherigen Marktführers aufgebaut werden kann. Die Bestimmungen zum Universaldienst bleiben gegenüber der heutigen Richtlinie unverändert.

Die jetzt im Rahmen der politischen Einigung gefundene Lösung bedarf zwar noch der formellen Verabschiedung durch den Europäischen Rat, an deren Zustandekommen gibt es aber keine Zweifel. Die Portugiesische Ratspräsidentschaft im Jahr 2007 hat betont, dass hierfür eine überwältigende Mehrheit vorliege. Es ist allerdings davon auszugehen, dass Luxemburg der Lösung nicht zustimmen und Belgien sich der Stimme enthalten wird. Nach der formellen Verabschiedung des Gemeinsamen Standpunktes und dessen Weiterleitung an das Parlament erfolgt dort die zweite Lesung. Die europäischen Abgeordneten müssen innerhalb von drei Monaten beraten und haben noch einen Monat Verlängerungsmöglichkeit zur Verfügung. Ob es im Rahmen dieser Debatte zu weiteren Verschlechterungen kommt, kann bisher niemand ausschließen oder vorhersagen. Mit einer endgültigen Verabschiedung der Richtlinie wird für das Frühjahr 2008 gerechnet.

Für Deutschland bedeutet dies, dass das Postgesetz in seiner bisherigen Fassung überholt und nichtig ist. Dieses Gesetz hatte eine zweiseitige Wirkung und Verpflichtung: Der Deutschen Post AG wurde eine Exklusivität auf dem Postmarkt zugesichert, gleichzeitig musste sie aber alle Postdienstleistungen an jedem Ort für alle gleich erbringen. Die Aufhebung dieser Monopolstellung bedeutet eine einschneidende Veränderung des ordnungspolitischen Rahmens.

Wo immer in ein solches System eingegriffen wird, bleibt das nicht ohne Auswirkungen auf die bisher bestehenden Strukturen und die Qualität der Postdienstleistungen für die Kunden. Noch stärker tangiert sind allerdings die Arbeits- und Sozialbedingungen der Beschäftigten. Denn »gesetzliche Arbeitsbedingungen, soziale Sicherungssysteme und Tarifverträge« sollten beachtet und eingehalten werden. So wurde es im Gesetz formuliert und in einen Katalog der »Grundanforderungen« aufgenommen. Diese sollen zwar auch zukünftig beachtet werden, und Mitgliedsstaaten können die Beachtung gesetzlicher Arbeitsbedingungen sogar als Auflage in Lizenzen und Genehmigungen aufnehmen. So steht es jedenfalls auf dem Papier, aber das ist bekanntermaßen geduldig. Die Praxis sieht dann häufig ganz anders aus.

Post in grün und orange

Die Big Player PIN und TNT

Auf dem deutschen Markt ist die *Deutsche Post AG* bisher mit einem Anteil von rund 90% an der Briefkommunikation immer noch mit weitem Abstand Marktführer. Auch auf dem europäischen Markt für Brief-, Paket- und Expresspost spielt sie in der ersten Liga. Hier werden jährlich 90 Milliarden Euro umgesetzt. Auch dabei ist der wichtigste Bereich die Briefkommunikation, die mehr als die Hälfte des Geschäfts ausmacht. Im grenzüberschreitenden internationalen Briefverkehr, dessen Volumen bei rund zehn Milliarden Euro liegt, hält *Deutsche Post World Net* einen Anteil von 14% und liegt damit gleichauf mit *US Postal Service*.

Im Segment Briefkommunikation wird nach Einschätzung von Fachleuten eine Umsatzrendite von 14 bis 20% erzielt. Rund 85% des Umsatzes in der Briefkommunikation werden mit Geschäftskunden gemacht. Elektronische Kommunikation wie Fax und E-Mail oder SMS ersetzt jedoch zunehmend den klassischen Brief. Dadurch schrumpfte der Markt in allen Ländern der Europäischen Union, allein in Deutschland waren es im vorigen Jahr 3%.

Der Briefdienst kann, richtig betrieben, allerdings weiterhin eine lukrative Angelegenheit sein und verspricht besonders hohe Margen. Sonst wäre der Run der vielen privaten Dienstleister auf diesen Markt auch nicht zu verstehen. Eine Analyse von Mercer Management Consulting, einer internationalen Unternehmensberatung, kommt zu dem Ergebnis, dass die neuen Wettbewerber allein im gewinnträchtigen nationalen Briefgeschäft ihren Marktanteil von derzeit 5 auf 30% im Jahr 2015 steigern werden.

Am profitabelsten ist dabei das Geschäft mit der Post von Klein- und Kleinstunternehmen. In diesem Bereich wird sogar bis zu 60% des Unternehmensgewinns erzielt. Auf diese Kundengruppe zielen deshalb die neuen Anbieter besonders. Die hohen Anteile der europäischen Marktführer – die der *Deutschen Post* mit 24%, von *La Poste* mit 20% und *Royal Mail* mit 19% – geraten in Gefahr. Verlieren die Postkonzerne diese Kundengruppe, werden deren Gewinne im Briefgeschäft teilweise um mehr als 30% sinken.

Wer etabliert sich auf dem Markt der Briefdienstleister?

Die meisten der neuen Wettbewerber stammen aus dem Verlagswesen, wie in Deutschland die *PIN Group* oder in Frankreich *Adrexo*. Oder es handelt sich um internationale Beteiligungen und Tochtergesellschaften der traditionellen Postkonzerne. Dazu gehören die *TNT*-Gesellschaft Belgische *Distributierdienst* oder *CityMail*, die schwedische Beteiligung der Norwegischen Post. In Deutschland sind diese bereits seit zehn Jahren vertreten, als die ersten Wettbewerbshürden fielen. Inzwischen sind in der Bundesrepublik bereits über 2.000 Lizenznehmer registriert, die im Jahr 2006 einen Anteil von 9% am gesamten deutschen Briefmarkt erobert hatten.

Seit der Liberalisierung der Postdienste ist dieser Markt unentwegt in Bewegung. Die Situation ist geprägt durch Verdrängungen, Kooperationen, Übernahmen, Zusammenschlüsse und strategische Partnerschaften. Jeder gegen jeden, alle versuchen sich gegenseitig das Geschäft streitig zu machen. Inzwischen ist ein relativ hoher Konzentrationsprozess erreicht, der noch nicht zu Ende sein dürfte.

Auf dem deutschen Briefmarkt agieren neben der *Deutschen Post AG* derzeit vor allem zwei große Gruppierungen: *TNT*, eine Tochtergesellschaft der holländischen Post, und die *PIN Group*, als Tochterunternehmen deutscher Zeitungsverlage, in der der Springer-Verlag die Mehrheit hat. Die ausländische Posttochter und die Zustelldienste der Zeitungsverlage stehen im Wettbewerb miteinander. Beiden ist gemeinsam, dass sie versuchen, auf dem Briefmarkt vom großen Kuchen des ehemaligen Staatsunternehmens ein mehr oder weniger großes Stück zu ergattern und kleinere lokale oder regionale Briefdienstleister zu schlucken.

Die Branche ist insgesamt von der Größe der Betriebe her gesehen sehr uneinheitlich, wie Marktuntersuchungen der Bundesnetzagentur zeigen. Die Aufsichtsbehörde hat für das Jahr 2006 nach den Umsätzen gefragt. Die überwiegende Zahl, mehr als drei Viertel der Lizenznehmer, machen weniger als 500.000 Euro Jahresumsatz. Wenn man davon aus-

Die neuen Briefdienstleister – ein Rückblick

Der Rückblick auf die ersten Briefverteilunternehmen aus der Verlagsbranche verschafft einen Eindruck, welcher Konzentrationsprozess bei neu auf dem Markt auftretenden Zustellern stattgefunden hat. Die meisten sind von den Branchengrößen geschluckt worden oder darin aufgegangen.

Die ersten Unternehmen der PIN Group

Unternehmen	Gesellschafter
PIN AG, Berlin mit Tochtergesellschaften in Frankfurt/M., Köln, Leipzig	Axel Springer, Holtzbrinck, Rosalia
WPS – Westdeutscher Post Service, Essen	WAZ, Rosalia
ThPS - Thüringer Postservice, Erfurt	WAZ
NET-DBS – Netzwerk Deutscher Briefservice, Düsseldorf	WAZ
PDV - Punkt Direktvertrieb GmbH, Hamburg	Axel Springer
CITIPOST, Hannover mit Schwesterges. in Niedersachsen	Verlagshaus Madsack
WESTMAIL, Köln	Gemeinschaftsunternehmen der Verlage M. DuMont Schauberg, Rheinisch-Bergische Verlagsgesellschaft und W. Girardet

Spätere Zukäufe und Unternehmensbeteiligungen der PIN Group

ANNEN-POST, Brakel/Westfalen, DBU – Deutsche Briefunion (ein Verbund privater Zustellfirmen, die am Dreiländereck Hessen, NRW und Niedersachsen zwölf Landkreise als Zustellgebiet abdecken); Brief Express Röder, Wildau/Brandenburg; Porto Sparen im Norden, Kiel; Speedy Express, Woltersdorf/Brandenburg, Briefnetz Süd GmbH & Co. KG (mit zwölf Briefdienstleistungsunternehmen regionaler Zeitungsverlage in Bayern), Ostseepost, Rostock, LN Briefkurier, Lübeck, HNA Postlogistik GmbH, Kassel, PSW Post Service Westfalen GmbH, Hamm, Aariva GmbH, Konstanz

Zu den an der PIN Group beteiligten oder aufgegangenen Verlagsgesellschaften gehören auch anfangs in der Briefzustellung aktive Zeitungsverlage bzw. deren Vertriebsorganisationen:

Zeitungsverlag/ Vertriebsorganisation	**Briefdienstleister als Tochtergesellschaft**
Axel Springer AG, Hamburg/Berlin:	
Ostsee Zeitung, Rostock	Ostsee Post
Leipziger Volkszeitung (mit Madsack)	
Lübecker Nachrichten	LN Briefkurier GmbH
Kieler Nachrichten/Vertriebs-Gesellschaft-Universal mbH	Nordbrief
Georg von Holtzbrinck GmbH und Co KG, Stuttgart:	
Main Post, Würzburg	Main-PostLogistik GmbH
Südkurier, Konstanz gemeinsam mit Badische Zeitung, Freiburg	Arriva GmbH
Saarbrücker Zeitung/ Regio Print-Vertrieb GmbH, Saarbrücken	Saarriva
Lausitzer Rundschau/REGIO Print-Vertrieb GmbH, Cottbus	
Trierischer Volksfreund, Trier	TV Briefservice
Verlagsgruppe M. DuMont Schauberg, Köln:	
Mitteldeutsche Zeitung, Halle/ Saale/MZZ – Mitteldeutsche Zeitungszustell-Gesellschaft mbH	
Verlagsgruppe Madsack, Hannover:	
Leipziger Volkszeitung (mit Axel Springer AG)	

Die zur Holtzbrinck-Verlagsgruppe gehörende Main-PostLogistik und Arriva (Briefnetz Süd) sowie die TV Briefservice und Saarriva (Briefnetz West) waren gleichzeitig auch Bestandteil eines mit der PIN Group konkurrierenden Zustellverbundes regionaler Zeitungsverlage.

Briefnetz Süd

Im Juni 2005 haben sich die regionalen Zustelldienste von Zeitungsverlagen aus Bayern zum »Briefnetz Süd« zusammengeschlossen, eine Zustellkooperation aus elf Briefdienstleistern, die 80% der Fläche Bayerns abgedeckt und über weitere Kooperationen auch Teile Baden-Württembergs versorgt haben.

Partnerunternehmen im Briefnetz Süd

Briefdienstleister	**Vom Mutterunternehmen verlegte Zeitung**
City-Mail Regensburg GmbH	Mittelbayerische Zeitung
City-Mail Weiden GmbH	Der Neue Tag, Weiden/Mittelbayerische Zeitung, Regensburg
Main-PostLogistik, Würzburg	Main Post – Holtzbrinck
Main-BriefLogistik, Aschaffenburg	Main-Echo/Main Post
Logistic-Mail-Factory GmbH, Augsburg/Schwaben-Mail GmbH, Neu-Ulm	Augsburger Allgemeine Zeitung
Allgäu-Mail GmbH	Allgäuer Zeitung
Oberbayern-Mail GmbH, Ingolstadt	
PZD Nordbayern GmbH, Nürnberg	Nürnberger Nachrichten
Brief 24, Nürnberg	Müller Medien
Courissima, Bayreuth	Nordbayerischer Kurier
IDO-Mail, Straubing	Straubinger Tagblatt/ Landshuter Zeitung

Weitere Partnergesellschaften	
FZDmail, Ansbach	Fränkische Landeszeitung
Frankenbrief Post- und Logistikservice GmbH, Bamberg	Fränkischer Tag
Postservice Südost GmbH, Passau	Passauer Neue Presse, Verlagsgruppe Passau
City Mail Oberbayern, Rosenheim	
Arriva GmbH, Konstanz	Südkurier, Konstanz/ Badische Zeitung, Freiburg

Briefnetz West

In Rheinland-Pfalz und im Saarland hatten fünf private Briefdienste regionaler Zeitungsverlage das »Briefnetz West« formiert, um eine flächendeckende Briefzustellung zu erreichen.

Partnerunternehmen im Briefnetz West

Briefdienstleister	Vom Mutterunternehmen verlegte Zeitung
TV Briefservice	Trierischer Volksfreund (Holtzbrinck)
Regio-Post Deutschland	PVG – Presse-Vertriebs-GmbH, Ludwigshafen
Saarriva	Saarbrücker Zeitung (Holtzbrinck)
RZ-Post	Rhein-Zeitung, Koblenz
Postino	Rhein-Main-Presse, Mainz

Einige Zeitungsverlage waren bereits im Briefmarkt aktiv, ohne vorher fest in ein überregionales Zustellnetzwerk eingebunden gewesen zu sein. Einige dieser Zeitungsverlage haben als regionale Zustellpartner mit TNT Post kooperiert.

Weitere im Briefmarkt aktive Zeitungsverlage

Briefdienstleister	Zeitung
ecoflash Briefservice GmbH	Süddeutsche Zeitung, München
FP Briefdienst GmbH	Frankenpost, Hof
Kurierverlags GmbH	Nordkurier, Neubrandenburg
Marketing Service Magdeburg GmbH (»Biberpost«)	Magdeburger Volksstimme
Maximail, Darmstadt	Medienhaus Südhessen (Darmstädter Echo...)
Media Logistik GmbH – »Post Modern«	Sächsische Zeitung, Dresden
Morgenpost Briefservice	Mannheimer Morgen
Neue Westfälische Logistik GmbH	Neue Westfälische, Bielefeld
Südwest Mail	Südwest Presse, Ulm
Schwaben Post Service GmbH	Stuttgarter Zeitung/ Stuttgarter Nachrichten

Quelle: Input Consulting GmbH: »Liberalisierung und Prekarisierung – Beschäftigungsbedingungen bei den neuen Briefdienstleistern in Deutschland«, Stuttgart, Dezember 2006.

geht, dass ein Brief 50 Cent kostet, kann jedes dieser Unternehmen pro Jahr höchstens eine Million Briefe befördern oder 4.000 pro Tag. Die Deutsche Post AG stellt im Vergleich dazu täglich 70 Millionen Briefe zu. Die Hälfte aller Lizenznehmer erwirtschaftet im Briefgeschäft aber weniger als 100.000 Euro pro Jahr. Diese Unternehmen sind in der Regel von wenigen lokalen Geschäftskunden abhängig und meist Subunternehmer oder Kooperationspartner von größeren Briefdienstleistern. Nur 14% der privaten Briefdienstleister haben ein jährliches Umsatzvolumen von mehr als einer Million Euro pro Jahr, nur knapp 2% erwirtschaften mehr als zehn Millionen Euro im Briefgeschäft.

Nach der vollständigen Liberalisierung zum 1. Januar 2008 ist mit einer weiteren Verschiebung der Marktanteile zu rechnen. Dies wird sowohl durch weitere Übernahmen passieren, als auch durch die Gründung deutscher Töchter durch ausländische Wettbewerber, die alle auf diesen lukrativen Markt drängen. Die Unternehmensberatungsfirma Pricewaterhouse Coopers hat für die Europäische Kommission eine Studie verfasst, in der die Autoren davon ausgehen, dass die neuen Anbieter ihre Stellung deutlich ausweiten und bis zum Jahr 2011 Marktanteile in der Größenordnung von rund 20% erreichen können.

Im Zuge der schrittweise eingeführten Marktliberalisierung sind im Verlauf der letzten Jahre zahlreiche Unternehmen entstanden, die anfangs meist nur lokal oder regional Briefdienstleistungen angeboten haben und als unabhängige Dienstleister am Markt agierten. Neben diesen Kleinunternehmen, die in der Regel nur als Kooperationspartner oder Subunternehmer größerer Zustellnetze wirtschaftlich überleben konnten, haben sich auch unabhängige Briefdienstleister etabliert, die als mittelständische Unternehmen erfolgreich am Markt operieren und Umsätze von mehr als einer Million Euro pro Jahr erwirtschaftet haben. In Dresden war es die *Sachsen Post* mit einem Umsatz von 3,6 Millionen Euro, *SMail* in Reutlingen mit einem Umsatz von drei Millionen Euro, *Mail Express* in Oldenburg mit drei Millionen Euro Umsatz, *Brief Direkt* in Münster mit 2,2 Millionen Euro und ebenfalls in Dresden die *Mailfox* mit einem Umsatz von 2,1 Millionen Euro.

Viele von ihnen haben sich auf die förmliche Zustellung gerichtlicher und behördlicher Post konzentriert und ausgerichtet, einen besonders lukrativen Nischenmarkt. Im Laufe der Zeit haben diese unabhängigen Briefdienstleister Netzwerke etabliert, seltener bundesweit, meist zusammen mit räumlich benachbarten Unternehmen. So haben sich beispielsweise mehrere Anbieter im Ruhrgebiet und am Niederrhein zum *Sternverbund* zusammengeschlossen, in Sachsen-Anhalt haben regionale Briefdienstleister mit der *Anhalt-Post e. V.* einen Zustellverbund in der Rechtsform eines Vereins gegründet. Auch in Thüringen und Brandenburg kooperieren private Briefdienste, um eine bundeslandweite Zustellung für die Kunden anbieten zu können.

Springer kauft für eine halbe Milliarde Euro die PIN Group

Die *PIN Group* mit Sitz in Luxemburg ist einer der beiden großen Angreifer auf dem Postmarkt, die in Deutschland gemeinsam mit Verlagszustelldiensten ein bundesweites Netz für die Postzustellung aufgebaut haben.

Keimzelle dieses Netzwerks war die damals in Berlin ansässige *PIN Intelligente Dienstleistungen AG*, welche dort seit dem Jahr 1999 Briefsendungen zugestellt hatte und über eigene Einlieferungs- und Sortierzentren verfügte. Mit 1.400 Beschäftigten hatte sie bereits eine beachtliche Größe und verfügte dadurch über ein dichtes Zustellnetz. Später kamen Einlieferungs- und Sortierzentren in Frankfurt am Main, Leipzig und Köln dazu.

Ende 2004 haben die Axel Springer AG und die Verlagsgruppe Georg von Holtzbrinck die Aktienmehrheit von jeweils 30% von den Unternehmensgründern und der DKB Wagniskapital GmbH übernommen. Zeitungsberichten zufolge waren zuvor Gespräche der Verlage mit dem ehemaligen Post-Wettbewerber *EP Europost* (heute *TNT Post*) über den Aufbau eines bundesweiten Briefnetzes unter Beteiligung der Zeitungsverlage geführt worden, aber aufgrund der Uneinigkeit über die operative Führung eines solchen Gemeinschaftsunternehmens gescheitert.

Anfang 2005 traf sich im Maritim Hotel in Bonn eine Verlegerrunde. Ein konspiratives Treffen direkt unter dem Posttower. Dabei waren Mathias Döpfner und Rudolf Knepper von Springer, Bodo Hombach und Lutz Glandt von der WAZ-Zeitungsgruppe sowie Michael Grabner von der Stuttgarter Holtzbrinck Gruppe. Die Manager verabredeten einen Angriff auf die Post AG. Man wollte, so erinnert sich einer der Teilnehmer, »einen Pflock in die Postlandschaft hineinrammen« und die mächtige Deutsche Post im Briefgeschäft herausfordern.

Holtzbrinck und Springer hatten kurz zuvor den kleinen Briefdienstleister *PIN* erworben. Der sollte jetzt mit viel Geld ausgebaut werden. *PIN* war mit einem Umsatz von 23 Millionen Euro damals ein Zwerg. WAZ und Holtzbrinck hatten bereits einige Briefzustellunternehmen und wollten ein gemeinsames Angebot entwickeln.

Im Oktober 2005 haben sich dann die drei größten Verlagsgruppen Deutschlands, Axel Springer, Georg von Holtzbrinck und die WAZ-Mediengruppe, gemeinsam mit der in Luxemburg ansässigen Beteiligungsgesellschaft Rosalia AG zusammengeschlossen und die *PIN Group AG* zum 1. Januar 2006 gegründet. Entstanden ist ein Unternehmen für die bundesweite Briefzustellung, das nach dem Ende des Postmonopols mit der Marke *PIN Mail* im Briefmarkt aktiv werden soll. Durch weitere Übernahmen von Verlagszustelldiensten wurde das Netz im Verlauf des Jahres 2006 noch erweitert. Im Sommer 2007 haben die Zeitungsverlage Madsack aus Hannover sowie M. DuMont Schauberg in Köln, die Rheinisch-Bergische Verlagsgesellschaft und W. Girardet ihre Briefdienstleistungsunternehmen ebenfalls in das Unternehmen eingebracht. Seit Juni 2007 ist die *PIN Group AG* unter mehrheitlicher Kontrolle des Axel Springer Verlags. Vorstandschef Döpfner übernahm für 510 Millionen Euro den größten Teil der Geschäftsanteile von WAZ und Holzbrinck, die seither nur noch Juniorpartner sind.

Viele der lokalen und regionalen Zusteller haben ihre Dienste anfangs teilweise noch unter ihrem eigenen Namen angeboten, sukzessive sind die Tochtergesellschaften aber unter der Marke *PIN Mail* aufgetreten. Heute beschäftigt die *PIN Group* gemäß ihren eigenen Angaben rund 9.000 Zusteller. Einige der integrierten Zeitungsverlage kooperierten zuvor auch als regionale Zustellpartner mit *TNT Post* (siehe dazu auch den Kasten »Die neuen Briefdienstleister – ein Rückblick« auf den Seiten 65-69).

Der Axel-Springer-Verlag hat zunächst bei *PIN* strategisch wichtige Positionen besetzt und zwei seiner Manager in den Vorstand des Briefdienstleisters geschickt. Der 43-jährige Karsten Böhrs, bisher Direktor für Logistik und Vertrieb bei Springer, ist für das operative Geschäft des privaten Briefzustellers zuständig. Der 39-jährige Julian Deutz, Finanzvorstand bei *PIN*, war zuvor bei Springer für die Finanzen der Bereiche Zeitschriften und Internationales zuständig. An der Spitze des Unternehmens steht Günter Thiel.

Durch diese Neubesetzungen des Vorstands unterstreicht Springer sein strategisches Interesse an dem Postdienstleister, bei dem er Ende Juni seine Beteiligung von 23,5 auf 71,6% aufgestockt hatte. Die Investition soll sich lohnen. Nur so kann Springer sein Ziel erreichen, sich nach der vollständigen Marktöffnung im Briefgeschäft bundesweit als die Nummer zwei nach der *Deutschen Post* zu etablieren. Springer-Chef Mathias Döpfner will das Postgeschäft zu einer »weiteren starken Säule« des Verlags entwickeln. Für das Jahr 2007 rechnet die Gruppe mit über einer Milliarde Sendungen und einem Umsatz von rund 350 Millionen Euro. Für 2010 ist ein Umsatz von mehr als einer Milliarde Euro geplant.

Der Springer-Chef hat viel gewagt, indem er sehr viel Geld ausgegeben hat, damit er den Kampf mit der *Post AG* aufnehmen kann. Die Investition ist vielleicht die letzte Chance, seinen schwächelnden Printmedien die Vertriebswege abzusichern und so neue Perspektiven zu eröffnen. Sein Verlagsgeschäft und die Zustellung von Briefen und Päckchen könnten sich trefflich ergänzen, so seine Strategie. Und: »Die PIN Group ist für uns ein attraktives Investment in ein sehr schnell wachsendes Unternehmen.« Gemeinsam mit den Altgesellschaftern und künftigen Neugesellschaftern will Mathias Döpfner von der weiteren Liberalisierung des Postgeschäfts profitieren: »Dieses Geschäft wollen wir mit unserer ausgewiesenen Vertriebskompetenz neben dem Inhaltegeschäft in Print und Online zu einer weiteren starken Säule von Axel Springer entwickeln.«

Diese Millionenausgabe hat er alleine zu verantworten, deshalb ist dieses Engagement für ihn ein großes persönliches Risiko. Sollte er sich damit überhoben haben und das Konzept scheitern, wird Döpfner seinen Kopf nur retten können, wenn es ihm gelingt, eine weitere Option zu realisieren – die des Weiterverkaufs: Gerüchteweise munkelte man in der Branche von Anfang an, dass der Axel-Springer-Verlag den Ausstieg aus dem 510-Millionen-Euro-Experiment mit der *PIN Group* plane, weil das Ganze eine Nummer zu groß sein könnte. Als möglicher Käufer der Springer-Anteile könnte sogar der mächtige Mitbewerber, der niederländische Post- und Kurierdienstleister *TNT*, im Raum stehen. Sollte sich *PIN* mit einem geplanten Umsatz von 1,5 bis 2 Milliarden Euro Umsatz als die Nummer zwei im deutschen Briefmarkt etabliert haben, wird er genügend Käufer vorfinden, die ihm das Unternehmen für ein Vielfaches des Kaufpreises abkaufen. Das können Finanzinvestoren sein oder andere Konkurrenten der *Post AG*, wie die *Royal Mail* aus Großbritannien.

Während die *PIN Group AG* in Luxemburg sich um die Strategie und Planung der Unternehmensgruppe kümmert, konzentrieren sich die verschiedenen Tochterunternehmen in Deutschland auf das operative Geschäft und bieten inzwischen bundesweit ein flächendeckendes Zustellnetz.

Nach Übernahme der Anteile der Altgesellschafter wurde der Konzern Axel Springer AG mit den 71,6% zunächst Mehrheitseigner der *PIN Group*. Die verbleibenden Anteile verteilen sich auf die Altgesellschafter. Weitere Aktien sollen an Regionalzeitungsverlage wie die WEST MAIL Holding GmbH gegen Einbringung ihrer Briefgeschäfte vergeben werden. Der Anteil der Axel Springer AG sinkt danach voraussichtlich wieder auf 63,7%.

Mit *Xanto* hat die *PIN Group* eine strategische Kooperation vereinbart. Xanto wurde im Frühjahr 2006 von fünf mittelständischen Logistikunternehmen und dem Logistikmanager Christian Holland-Moritz gegründet. Im Rahmen dieser Zusammenarbeit übernimmt *Xanto* die deutschlandweiten Linienverkehre innerhalb des *PIN*-Logistiknetzwerkes. Dies betrifft die Linien zwischen den einzelnen *PIN Mail*-Standorten zu regionalen Knotenpunkten, an denen regionale und nationale Sendungen ausgetauscht werden, die Verkehre von den Knotenpunkten zu den beiden *PIN Mail*-Zentralhubs in Würzburg und Hannover sowie die Pendelverkehre zwischen diesen beiden Hubs. Aktuell werden über diese Linien bereits täglich rund eine Million nationale Sendungen innerhalb eines Werktages befördert. Dazu zählen die Logistikunternehmen *Diehl Spedition* in Esslingen bei Stuttgart, *M & M Militzer & Münch* im bayerischen Hof, die *Honold Logistik Gruppe* in Neu-Ulm, die Mainzer Spedition *G.L. Kayser* und *Cretschmar Cargo* in Düsseldorf sowie *Christian Holland-Moritz*, der zugleich geschäftsführender Gesellschafter ist.

Aktiv auf allen Feldern: der TNT-Konzern

Die *TNT* hat ihre Geschäftsaktivitäten im deutschen Briefmarkt inzwischen in der *TNT Post Holding* mit Sitz in Ratingen gebündelt. Dort ist *TNT* alleiniger Gesellschafter. Dazu gehört die *TNT Post Regioservice GmbH*, die in der Zustellung regionaler adressierter Briefe, aber auch unadressierter Massensendungen in städtischen Ballungszentren aktiv ist. Mit dem Aufbau eigener Zustellstrukturen, die teilweise durch die Übernahme regionaler Briefdienstleister erfolgte, sowie durch regionale Kooperationspartner, hat *TNT Regioservice* sein Briefnetz massiv ausgebaut und versorgt derzeit die Großräume Köln, Düsseldorf, Wuppertal, große Teile des Ruhrgebiets sowie Frankfurt, Stuttgart und Hamburg mit Brief- und Werbesendungen.

Der Umsatz von *TNT Regioservice* betrug im Geschäftsjahr 2005 ca. 7,5 Millionen Euro, für 2006 wurden Umsatzzuwächse von 20% erwartet. Im Jahr 2005 waren 370 Mitarbeiter bei *TNT Regiopost* beschäftigt. Gezielt als Kunden geworben werden Behörden, Finanzämter, Gerichte, Arbeitsämter, Kommunen, Stadtwerke, Krankenhäuser, Telefonanbieter, regionale Banken wie Sparkassen und Volksbanken, aber auch kleinere Geschäftskunden wie Kanzleien, Arztpraxen, Handwerksbetriebe, vor allem klein- und mittelständische Unternehmen, die ihre Geschäftspost überwiegend an Kunden innerhalb einer Region schicken. Zum Angebot gehört das Abholen und Sortieren der Sendungen, die Beförderung und Zustellung bis hin zur Retourenabwicklung und Reklamationsbearbeitung.

Ein weiteres Standbein von *TNT* ist *TNT Post Deutschland*, das im Bereich Briefzustellung tätig ist. Seit dem Jahr 2001 ist dieses Unternehmen in Deutschland im Bereich »Post« aktiv und kämpft im Wettbewerb mit der *PIN AG* um die bisherigen Anteile der *Post AG* auf dem in Zukunft liberalisierten Briefmarkt.

Im deutschen Briefmarkt hat der niederländische Postkonzern anfangs mit zwei unabhängig voneinander operierenden Gesellschaften agiert. Im Oktober 2000 wurde das Gemeinschaftsunternehmen *EP Europost* gemeinsam mit der im Paketgeschäft erfahrenen *Hermes Logistik Gruppe* gegründet. Seit 2006 firmiert dieses Unternehmen, an dem *TNT* einen Anteil von 71% und die OTTO Tochter *Hermes Boten Service* 29% halten, unter der Bezeichnung *TNT Post AG & Co. KG* und stellt deutschlandweit Briefpost sowie Werbe- und Katalogsendungen von Geschäftskunden zu. Die *TNT Post* konzentriert sich auf die bundesweite Zustellung von Brief- und Infopostsendungen. Abgewickelt wird dieses Geschäft mithilfe von zurzeit 150 Kooperationspartnern, die über ein Franchisesystem an das Unternehmen gebunden sind. Zu diesen Kooperationspartnern gehören nicht nur eine Vielzahl unabhängiger, kleinerer regionaler Briefdienstleister, sondern auch Tochtergesellschaften von Zeitungsverlagen, die in ihrem Verbreitungsgebiet durch die eigenen Zeitungsausträger Briefe zustellen lassen. Dazu zählen die Zeitungsboten des *Nordkuriers* vom *Kurierverlag* in Neubrandenburg genau so, wie die der *Sächsischen Zeitung* der *Media Logistik* in Dresden und die der *Allgäu Mail* in Kempten von der *Allgäuer Zeitung*.

Zusätzlich zu den Franchisekooperationspartnern hat *TNT Post* auch mehrere regionale Postdienstleister aufgekauft. Dazu gehören die Briefzusteller von *Rheinland Brief* in Viersen, die *Turbo Post* in Neuruppin und *Trias* in Osnabrück. Mitte 2006 wurde *PostCon Deutschland AG* in Berlin, der größte Konsolidierer in Deutschland, übernommen. Bis dahin vorhandene Lücken im eigenen Zustellnetz, vor allem im Großraum München, hat *TNT* mit der Beteiligung an *Ecoflash*, der Brieftochter von *Süddeutscher Zeitung* und der *Ippen-Verlagsgruppe*, geschlossen. Zudem hat sich *TNT* im Jahr 2007 an den regionalen Zustellfirmen *Citipost Osnabrück*, *Citipost Bremen* und *Citipost Ludwigsburg* beteiligt.

Die Entwicklung verläuft rasant. Während *TNT Post* im Jahr 2004 lediglich einen Umsatz von 60 Millionen Euro erwirtschaften konnte, sollen es 2006 bereits 200 Millionen Euro gewesen sein. In fünf Jahren strebt *TNT Post* einen Umsatz von über einer Milliarde Euro und einen Marktanteil von 15% im deutschen Briefmarkt an. Nach Unternehmensangaben werden derzeit zusammen mit den 30.000 Briefzustellern der Kooperationspartner rund 90% aller Haushalte in Deutschland erreicht.

Ein weiteres Unternehmen von *TNT* ist *TNT Post Direktwerbung*. Dieses Unternehmen gilt als der bedeutendste private Anbieter für die Zustellung von Prospekten und Haushaltswerbung in Deutschland. Rund 36.000 Boten der *TNT-Gruppe* verteilen bundesweit wöchentlich rund 180 Millionen Werbeprospekte und Warenproben an Haushalte im Auftrag von werbetreibenden Unternehmen. Die Mitarbeiter von *TNT* stecken somit praktisch in jeden Briefkasten in Deutschland Direktwerbung, Schnäppchenangebote, Frischewerbung, Modekataloge oder Warenproben. In Zukunft will der niederländische Postkonzern mit seiner Tochtergesellschaft *TNT Direktwerbung* seine Position als Nummer eins im deutschen Markt für die Zustellung unadressierter Haushaltswerbung verteidigen.

Zu *TNT* gehört auch *Spring* – ein Joint Venture des niederländischen Expressdienstleisters *TNT*, der britischen *Royal Mail Group* und *Singa-*

pore Post. Dieses private Joint Venture kann man als eines der größten Gebilde im grenzüberschreitenden Postversand, der Briefbearbeitung und im Transport von Dokumenten bezeichnen. Es handelt sich um einen weltweit tätigen internationalen Express- und Postdienstleistungskonzern mit 128.000 Mitarbeitern in 63 Ländern. *Spring* ist damit einer der Big Player bei internationalen Postdienstleistungen, wahrscheinlich sogar der größte auf diesem Sektor.

Das Kerngeschäft von *Spring* ist der Versand von Tagespost und Mailings ins Ausland. Dabei handelt es sich vor allem um tägliche Geschäftskorrespondenz, Jahresberichte, Kataloge, Broschüren und Mailings, die im Auftrag vor allem gewerblicher Kunden weltweit zugestellt werden. Für die Abholung der Sendungen bei den Verwaltungen und Unternehmen greift *Spring* auf das Netzwerk von *TNT Express* zurück.

Das klassische Postangebot wird durch *Cendris Customer Contact Deutschland GmbH* abgerundet, den Telemarketing-Dienstleister innerhalb der *TNT-Gruppe* mit Sitz in der ehemaligen Bundeshauptstadt. Das Bonner Unternehmen bietet umfassende Services im B2B und B2C-Telemarketing an. Zu den Kunden zählen hier Verlage, Telekommunikations-Unternehmen, Lotterien und Marktforschungs-Institute.

Die Strukturen sind noch komplizierter und verschachtelter. Die mit einem weit verzweigten Annahme- und Zustellnetz für den Paketversand ausgestattete *Hermes Logistik-Gruppe* kooperiert im Briefgeschäft neben *TNT* mit einer weiteren ausländischen Postgesellschaft. Gemeinsam mit der Tochter der Schweizerischen Post, *Swiss Post International*, ist *Hermes* zu 50% am 2001 gegründeten Joint Venture *Primemail GmbH* mit Sitz in Hamburg beteiligt. *Primemail GmbH* bietet den deutschlandweiten und über das Netz der *SwissPost* auch internationalen Versand von Briefsendungen mit A- und B-Lizenzen an. Schwerpunkt ist derzeit der Versand von Katalog- und kleinen Warensendungen über das *Hermes*-Zustellnetz. *Primemail* hat im Geschäftsjahr 2005 15 Millionen Euro Umsatz erwirtschaftet und soll auf rund 10.000 Zustellkräfte bei Kooperationspartnern zurückgreifen können.

Mit den neuen Angeboten wird die Abgrenzung zu reinen Postvertriebsunternehmen fließend. Dazu gehört der Presseservice für den Versand und die Zeitungs- und Zeitschriftendistribution von Wochenzeitungen, Publikumszeitschriften, Fachzeitschriften, Kunden-, Mitglieder- und Mitarbeiterzeitschriften, aber auch Büchern, Heften und sonstigen Publikationen bis zwei Kilogramm. Zusätzlich bietet das Unternehmen das Frankieren, die Verpackung oder Folierung der Sendungen und die Adressierung an. Eine Besonderheit ist das Beipacken von Warenproben. Die Dienstleistungen rund um Geschäftsbriefe werden von so genannten Lettershops angeboten. Sie reichen vom Drucken der Schreiben, der individuellen Anrede, dem Personalisieren, Vergleichslesen, Beilagen Einlegen, Falzen, Kuvertieren und Adressieren bis hin zum Einschweißen.

Mit dem *Data Express* können zeitsensible eilige internationale Dokumente und Pakete zugestellt werden. Angeboten werden lokale Postfachadressen, um bei Kunden den Eindruck lokaler Präsenz im jeweiligen Zielland zu erwecken.

Die Regulierungsbehörde taxierte den Anteil am nationalen Briefmarkt, der im Jahr 2005 noch innerhalb der Exklusivlizenz der *Deutschen Post AG* liegt, auf rund 60% bei einem Gesamtvolumen von rund zehn Milliarden Euro. Durch die Absenkung der Gewichtsgrenze zum Jahresbeginn 2006 auf 50 Gramm wurden weitere Marktsegmente mit einem Umsatzpotenzial von zusätzlich 800 Millionen Euro für den Wettbewerb geöffnet, sodass mittlerweile rund die Hälfte des deutschen Briefmarktes für die Konkurrenten der *Deutschen Post AG* zugänglich ist.

Please Mrs. Postman...

Warum die BriefträgerInnen unser Vertrauen brauchen

Man muss den Film »Wenn der Postmann zweimal klingelt« mit Jack Nicholson, in dem ein Postbote zudem überhaupt nicht vorkommt, nicht mögen und man mag auch die Überhöhung der BriefzustellerInnen im Beatles-Hit »Please Mr. Postman« (»... look and see if there's a letter, a letter for me ...«) übertrieben finden: Fakt bleibt aber, dass im Alltag vieler Haushalte die Briefträgerin, der Briefträger einen wichtigen Platz einnimmt. Nach ihnen kann man sich richten, nach ihrem Rhythmus lässt sich der Tag einteilen.

Das gilt nicht nur für den privaten Bereich, sondern ebenso für Arztpraxen und Verwaltungsstellen, Büros von Handwerkern und für Behörden. Wenn die »Post« da war, können Aufträge bearbeitet und Bestellungen ausgeführt werden. Erst dann kann man sich eigentlich richtig um die normale Arbeit kümmern. Viele Menschen erwarten die Briefträger sogar sehnsüchtig, vor allem, wenn sie mit ihnen auch ein Schwätzchen halten können.

Leider haben diese dafür seit einigen Jahren immer weniger Zeit. Die Zustellbezirke sind größer geworden und die Zahl der Postsendungen, die von ihnen in der gleichen Zeit zugestellt werden müssen, immer umfangreicher.

Es gibt aber immer noch viele Beispiele, in denen Briefträger fast zur Familie gehören. Sie kennen die Menschen in ihren Bezirken oft besser, als diese ahnen, wissen, was in den Familien los ist. Sie sind über Umstände und Gewohnheiten der Bewohner besser informiert, als das bei manchem guten Nachbarn der Fall ist. Sie bringen nicht nur Freud und Leid, sondern transportieren manches Geheimnis. Das ist auch ein wichtiger Grund, warum es nicht egal sein sollte, wer die Postboten sind, die uns tagtäglich aufsuchen. Wer unsere Post jeden Tag in den Händen hält, sollte unbedingt eine Vertrauensperson sein, auf die man sich verlassen kann, die mit zum Teil sehr persönlichen Informationen vertrauensvoll umgeht.

Wenn man sich klar macht, welche Post im Briefkasten landen kann, dann wird schnell erkennbar, dass sich darunter manche Botschaft befindet und auch mancher Absender verbirgt, von dem man nicht unbedingt möchte, dass andere davon erfahren. Dabei geht es weniger um die Postkarte mit den feurigen Liebesgrüßen eines Verehrers der Tochter, die von einer Romanze künden, die erst noch geheim bleiben sollte. Grüße auf Postkarten liest eh kaum einer, sie sind für BriefträgerInnen von geringem Interesse, eher langweilig. Aber um diese offene Post, Texte, die jeder lesen kann, geht es nicht.

Das wissen die meisten Bürger und vertrauen ihren BriefträgerInnen. Man kennt sich zum Teil seit längerem und hat ein besonderes Vertrauensverhältnis entwickelt. In zahlreichen Städten, Stadtteilen und Gemeinden haben Postboten Hausschlüssel, um die Post in die Kästen zu verteilen. So etwas überlässt man nur wirklichen Vertrauenspersonen.

Zur sensiblen Post gehören eher Kontoauszüge von Banken, Mahnschreiben und Zahlungserinnerungen, Anwaltspost und Zustellurkunden des Amtsgerichts. BriefträgerInnen kennen durch die Post, die sie zustellen, Familien und ihre Vorlieben, Neigungen und Gewohnheiten ganz genau. Gerichtspost und amtliche Schreiben verraten oft mehr über die Lage einer Familie und die finanzielle Situation eines Haushalts, als die Empfänger ahnen und manchem lieb sein kann.

Auch Absender verraten manches Geheimnis: Wenn ein neutrales Paket als Absenderangabe nur ein scheinbar harmloses Postfach trägt, mag das für den Empfänger anonym erscheinen. Die Zusteller wissen jedoch, dass sich hinter diesem Postfach zum Beispiel ein Sexversender verstecken kann, der Utensilien, Videos und Bildbände liefert. Wohl dem Empfänger, der sicher sein kann, dass die ZustellerInnen das nicht weitererzählen oder gar am Stammtisch zum Besten geben.

Auch zugestellte Zeitschriften und Broschüren, Werbebriefe und andere Massensendungen hinterlassen Spuren, selbst wenn die Empfänger sie ungelesen in den Papierkorb werfen. Wer regelmäßig – freiwillig oder ungefragt – mit bestimmten Zeitschriften und Drucksachen beliefert wird, bekommt ein Profil. Man muss nur einige Tage seine eigene Post beobachten, um zu erkennen, dass daraus Rückschlüsse gezogen werden können, wo man sich gegebenenfalls engagiert. Aus der Post lässt sich auch schnell eine Präferenz für ein soziales Engagement, eine gewerkschaftliche Orientierung oder eine politische Gesinnung herauslesen. Man erkennt, wer Mitglied in welchen Vereinen und Verbänden ist oder welche Interessen er oder sie hat. Deshalb ist es besonders wichtig, dass man seinen BriefzustellerInnen vertrauen kann, dass dieses Wissen nicht weitergegeben und erst recht nicht weiterverkauft wird.

Die Bedenken rühren nicht aus einem Misstrauen gegenüber den Menschen, die diese Aufgaben wahrnehmen werden, sondern gegenüber dem Geschäftsmodell der neuen Briefdienstleister: Gerade weil diese sich am Markt vor allem um das Massengeschäft mit Drucksachen bemühen, mit dem besonders viel Geld zu verdienen ist, muss hier die besondere Aufmerksamkeit liegen. Empfängeradressen und das Wissen über die persönlichen Vorlieben der Empfänger sind die begehrtesten Daten, für die die werbetreibende Wirtschaft inzwischen sehr hohe Summen zahlt, die sich in der Regel schnell amortisieren. Weil mittlerweile nicht nur die Postzustellung zum Geschäftszweck der Postdienstleister gehört, sondern auch die Postbearbeitung und die Adressverwaltung, heißt es besonders vorsichtig zu sein, wem diese Daten zur Verfügung stehen.

Dies und die Problematik der Beschäftigungsbedingungen in der öffentlichen Diskussion deutlich zu machen, ist den Interessenvertretern der Arbeitnehmer, den Gewerkschaften, selten im gleichen Maße gelungen wie zum Beispiel den Vertretern des Mittelstands für seine kommerziellen Interessen. Tarnorganisationen wie der Verband der Postbenutzer galten für die Medien jahrzehntelang als kompetente und unabhängige Kritiker der Post und ihrer Beschäftigten. Ihre Polemik gegenüber Gewerkschaftsforderungen wurde oft ungekürzt zitiert und kritiklos transportiert. Auf diese Weise wurde die Zerschlagung der Bürgerpost schleichend vorangetrieben.

Erst als die skandalösen Arbeitsbedingungen und miserablen Einkommensverhältnisse bei den neuen Briefdienstleistern am Markt nicht mehr zu verschweigen waren, fanden die zahlreichen Hinweise und Proteste der Gewerkschaften vereinzelt Aufmerksamkeit und publizistisches Interesse. Seitdem finden sich nicht nur verstärkt kritische Medienberichte über Zustände bei einer ganzen Reihe von Lizenzneh-

Konkurrenz durch Minijobber (Beschäftigtenstruktur 2005)

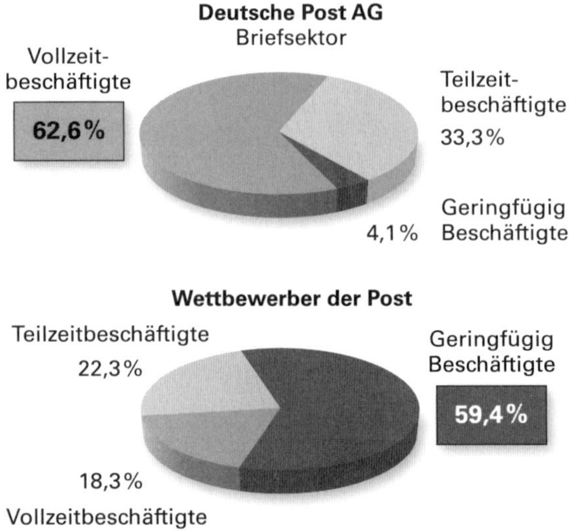

Quelle: Bundesnetzagentur 2007 | ©Hans-Böckler-Stiftung 2007

mern, sondern auch Veröffentlichungen, die deutlich werden lassen, dass die massive Verschlechterung der Beschäftigungsbedingungen auch im Briefmarkt eine Folge der Liberalisierung darstellt. Studien und wissenschaftliche Untersuchungen, wie »Liberalisierung und Prekarisierung – Beschäftigungsbedingungen bei den neuen Briefdienstleistern in Deutschland« der Stuttgarter Input Consulting am Jahresende 2006, und Untersuchungen der Hans-Böckler-Stiftung haben sicher wesentlich dazu beigetragen, aufzudecken, welcher Weg von skrupellosen Unternehmern eingeschlagen wurde und welche Fehlentwicklungen eingetreten sind.

Bedenken über negative Konsequenzen und Folgen der Liberalisierung für die Beschäftigten hat die Gewerkschaft ver.di – und bereits früher die Vorgängerorganisation Deutsche Postgewerkschaft – im Verlauf des Gesetzgebungsverfahrens zum Postgesetz immer wieder vorgebracht. Dieses ständige Insistieren hat letztendlich Früchte getragen und führte dazu, dass in § 6 Abs. 3 des Postgesetzes mit der so genannten Sozialklausel die »Berücksichtigung sozialer Belange« als Regulierungsziel aufgenommen worden ist. Danach muss, wie es im Gesetz heißt, die Erteilung einer Lizenz zum Angebot von Briefdienstleistungen versagt werden, »wenn ... Tatsachen die Annahme rechtfertigen, dass der Antragsteller die wesentlichen Arbeitsbedingungen, die im lizenzierten Bereich üblich sind, nicht unerheblich unterschreitet«.

Das Gesetz sollte mit dem Instrument der sozialen Lizenzauflagen ein Mindestmaß an sozialem Schutz gewährleisten. Dies ist in einem Sektor besonders wichtig, der in hohem Maße für die Ausweitung ungeschützter Arbeitsverhältnisse bekannt ist. Ähnliche negative Erfahrungen bei Beschäftigungs-, Arbeits- und Sozialbedingungen liegen aus dem mit dem Postsektor eng verwandten, nicht regulierten Markt für Kurier-, Express- und Paketdienstleistungen bereits hinreichend vor. Auch dort findet sich ein besonders hoher Anteil von geringfügig Beschäftigten und Scheinselbständigen. Diese Erfahrungen haben den Gesetzgeber vermutlich am Ende der parlamentarischen Beratungen dazu bewogen, zu versuchen, auf diesem Weg die Entstehung solcher Verhältnisse im liberalisierten Postmarkt von vornherein zu verhindern. Neue Anbieter sollten nur dann eine Lizenz für Postdienstleistungen bekommen, wenn sie sich verpflichten, die üblichen Arbeitsbedingungen einzuhalten. Einzelne Abgeordnete waren sich damals wohl im Klaren darüber, welche sozialen Folgen das Gesetz haben kann, wenn es ohne Auflagen verabschiedet wird. Sonst hätte das Parlament nicht beschlossen, dass »in dem personalintensiven Bereich der Postdienstleistungen ... ohne gewisse soziale Schutzregelungen kein sozialverträglicher Übergang auf den Wettbewerb zu erreichen (wäre)«. Es ist zwar keine scharfe Waffe, um Sozialdumping zu verhindern, aber ein Versuch, die schrittweise Liberalisierung auf diese Weise wenigstens sozial zu flankieren.

Dem anderen Regulierungsziel, der Förderung eines chancengleichen und funktionsfähigen Wettbewerbs, sollten die sozialen Lizenzauflagen ebenfalls Rechnung tragen. Damit wollte der Gesetzgeber verhindern, dass sich Unternehmen gegenüber anderen Lizenznehmern auf dem Rücken ihrer Beschäftigten Kosten- und Wettbewerbsvorteile verschaffen und der »Wettbewerb durch massenhaft ungeschützte Arbeitsverhältnisse« verzerrt wird. Die Entwicklung der realen Verhältnisse seitdem zeigt, dass diese Bedenken zu Recht bestanden.

Die Bundesnetzagentur – eine »großzügige« Regulierungsbehörde

Trotz einer vollständigen Öffnung des Briefmarktes darf nicht jeder Post befördern, der das möchte. Um diese Dienstleistung anzubieten, bedarf es einer Lizenz, die von der Bundesnetzagentur als Regulierungsbehörde vergeben wird. Die Bundesnetzagentur hat zwischen den Jahren 1998 bis 2005 die Lizenzen an 1.470 Unternehmen großzügig verteilt. In diesen sieben Jahren hat die Behörde in lediglich zehn Fällen Lizenzanträge zurückgewiesen und die entsprechende Genehmigung versagt: Acht davon wurden abgelehnt, weil die Unternehmen nicht über die erforderliche Leistungsfähigkeit und Zuverlässigkeit verfügten, zwei davon, weil die Lizenzanträge gegen die Exklusivlizenz der Deutschen Post AG verstießen. Alle anderen Lizenzanträge haben nach Einschätzung der Regulierungsbehörde angeblich die Anforderungen der sozialen Lizenzauflagen erfüllt.

Ende 2006 hatte die Bundesnetzagentur zwar insgesamt 2.245 Lizenzen erteilt, die wurden aber längst nicht alle genutzt. Zu diesem Zeitpunkt waren lediglich rund 750 Unternehmen am Markt aktiv. Ein Drittel der erteilten Lizenzen gingen in die neuen Bundesländer.

In den strukturschwachen Gebieten Ostdeutschlands stellen damit die neuen Briefdienstleister einen wahrnehmbaren Beschäftigungsfaktor dar. Im Vergleich der Bundesländer liegt Mecklenburg-Vorpommern mit 5.233 Arbeitnehmern nach Nordrhein-Westfalen sogar fast an der Spitze. Und in diesem Bundesland arbeiten im privaten Briefsektor mit 0,08% aller Erwerbstätigen achtmal soviel Menschen wie im bundesweiten Durchschnitt. Das könnte eine erfreuliche Entwicklung sein, wenn die Anbieter qualifizierte neue Arbeitsplätze schaffen würden. Es entstehen aber kaum neue Stellen. Das Gegenteil ist der Fall. Die soziale Situation der Menschen, die von hoher Arbeitslosigkeit betroffen sind, wird schamlos ausgenutzt.

Den offiziellen Berichten der Bundesnetzagentur zufolge hat bis dahin eine jährliche Regelüberprüfung der am Markt aktiven Lizenznehmer noch nie zu einer Beanstandung geführt. In welcher Form solche Überprüfungen überhaupt stattgefunden haben, lässt sich schwer beurteilen.

Falls eine Überwachung durchgeführt wird, scheint sie sehr lasch zu erfolgen. Aber auch dort, wo die Vorschriften offensichtlich nicht eingehalten werden, ist dies in der Regel folgenlos, da ein Lizenznehmer die verlangten Kriterien bei Aufnahme seiner Tätigkeiten nicht sofort erfüllen muss. Neu in den Markt Eintretenden wird vielmehr eine Art Karenzzeit von einem Jahr eingeräumt. Wer ein neues Unternehmen gründet, das Postdienstleistungen erbringt, hat dafür sogar zwei Jahre Zeit. Die Bundesnetzagentur könnte die Lizenz zwar widerrufen, wenn ihr im Nachhinein Verstöße gegen Lizenzierungsauflagen und Nichtbeachtung bekannt geworden sind. Dies war offenbar noch nie der Fall.

Aber selbst wenn eine Kontrolle durchgeführt und dabei Verstöße festgestellt würden, bleibt die Praxis der Regulierungsbehörde zahnlos. Die Bundesnetzagentur – als Genehmigungs- und Kontrollbehörde – ist der Auffassung, dass die in § 6 Abs. 3 des Postgesetzes aufgeführten Versagungsgründe für Kleinbetriebe mit weniger als zehn Arbeitnehmern nicht gelten und damit ohne Konsequenzen bleiben. Zum anderen seien die Lizenzvoraussetzung bereits automatisch gegeben, wenn »die lizenzierte Tätigkeit zu mindestens 80% der Gesamtarbeitszeit in Arbeitsverhältnissen erbracht wird, die bei der gewerbsmäßigen Beförderung (Einsammeln, Weiterleiten oder Ausliefern) von Briefsendungen bis 1.000 Gramm üblich sind«. Aber auch diese Hürde ist kein wirkliches Hindernis. Wenn ein Lizenznehmer eine sachliche Rechtfertigung für das Nichterreichen der 80%-Schwelle anzugeben vermag, reicht dies ebenfalls aus, um die Auflage zu überwinden.

In der Praxis überprüfte die Bundesnetzagentur bisher lediglich die Arbeitsverhältnisse, also ob ein Beschäftigungsverhältnis vorliegt und wie groß die Zahl der Mitarbeiter ist, die dort beschäftigt sind. Geprüft werden aber nicht, wie es im Text des Postgesetzes gefordert ist, die Arbeitsbedingungen. Damit verstößt die Bundesnetzagentur nach Ansicht ihrer Kritiker massiv gegen die Intentionen des Gesetzgebers, der die Überprüfung der Arbeitsbedingungen der Lizenznehmer durch die

Bundesnetzagentur vorgesehen hatte, um Fehlentwicklungen auszuschließen und zu vermeiden. Tatsächlich lassen sich bei vielen Lizenznehmern zwischen Arbeitsbedingungen und Beschäftigungsverhältnissen erhebliche Diskrepanzen feststellen.

Als Voraussetzung für eine Lizenz hat der Gesetzgeber auch die Branchenüblichkeit der Arbeitsverhältnisse vorgeschrieben. Allein schon der erheblich höhere Anteil an geringfügigen Beschäftigungsverhältnissen bei den Lizenznehmern auf der einen im Vergleich zum geringen Anteil bei der Deutschen Post AG auf der anderen Seite lässt daran zweifeln, dass die neuen Lizenznehmer den Anforderungen genügen, die die Parlamentarier bei der Gesetzgebung erreichen wollten.

Auch an dieser Stelle rächt sich schlampige Arbeit im Gesetzgebungsverfahren, denn was als »wesentliche Arbeitsbedingung« zu gelten hat, ist im Postgesetz nicht festgelegt. Dies kann aber nicht als Ausrede dienen, denn in solchen Fällen können Definitionen anderer Gesetze übernommen und sinngemäß auf das Postgesetz übertragen werden. So zählen gemäß der Begründung des Arbeitnehmerüberlassungsgesetzes (AÜG) zu den »wesentlichen Arbeitsbedingungen« alle nach dem allgemeinen Arbeitsrecht vereinbarten Bedingungen wie Dauer der Arbeitszeit und des Urlaubs oder die Nutzung sozialer Einrichtungen. Im Nachweisgesetz (NachwG) gehören zu den wesentlichen Vertragsbedingungen die Zusammensetzung und die Höhe des Arbeitsentgelts, die vereinbarte Arbeitszeit, die Dauer des jährlichen Erholungsurlaubs und die Fristen für die Kündigung des Arbeitsverhältnisses. Würden die Auflagen entsprechend dem Gesetzestext angewandt, müssten die Lizenzen versagt oder entzogen werden, wenn Bezahlung sowie Arbeitszeiten und Urlaubsansprüche wesentlich unterhalb des Niveaus der Deutschen Post AG liegen.

Perverser Kapitalismus: Her mit den Hungerlöhnen?

Die von den neuen Briefdienstleistern im Durchschnitt bezahlten Löhne sind in weiten Teilen als nicht existenzsichernd einzustufen. In Westdeutschland liegen 11% und in Ostdeutschland 16,7% nach den Bestimmungen des Sozialgesetzbuches II unter dem Mindestbedarf. Das hängt zu einem Teil damit zusammen, dass in diesen Unternehmen nur Teilzeitjobs angeboten werden. Aber selbst viele von denen, die bei den neuen Briefdienstleistern einer Vollzeitbeschäftigung nachgehen, fallen unter die Kriterien der Hilfebedürftigkeit nach SGB II und haben – als so genannte Aufstocker – Anspruch auf ergänzendes Arbeitslosengeld. Auf diesen staatlichen Transferzahlungen ist das Geschäftsmodell der neuen Briefdienstleistungs-Unternehmen aufgebaut.

Es muss jedoch der Grundsatz gelten: Wer in Vollzeit arbeitet, muss davon leben und seine Familie ernähren können. Daraus ergibt sich die Forderung nach Mindestlöhnen, die garantieren, dass alle Beschäftigten mit dem Einkommen, das aus einer Vollzeiterwerbstätigkeit stammt, auch ihren Lebensunterhalt bestreiten können. Bislang sind die durchschnittlichen Löhne für Briefzusteller bei den neuen Briefdiensten in Deutschland häufig nicht existenzsichernd. Viele Arbeitnehmer der neuen Anbieter können trotz Vollzeitbeschäftigung von ihren Erwerbseinkommen nicht leben und sind zur Sicherung ihrer Existenz und der ihrer Familien auf ergänzende staatliche Transferzahlungen angewiesen.

Das ist keine Panne, sondern Geschäftsmodell. Bei diesem Lohn- und Sozialdumping im liberalisierten Briefmarkt handelt es sich nämlich keineswegs um ein Fehlverhalten von vereinzelten »schwarzen Schafen«. Diese Praxis wird von der Mehrheit der neuen Anbieter im großen Stil betrieben. Deshalb geht der Konflikt um den Post-Mindestlohn weit über einen klassischen Tarifstreit hinaus. Es geht dabei um die Grundsatzfrage, ob es weiter der Fall sein darf, dass Menschen, die Tag für Tag vollzeit harte Arbeit verrichten, von ihren Löhnen nicht anständig leben können. Und es muss auch verhindert werden, dass Geschäftsmodelle für eine ganze Branche salonfähig werden, die fast ausschließlich auf Lohn- und Sozialdumping zulasten der Beschäftigten fußen. Denn die Liberalisierung eines milliardenschweren Marktes unter solchen Umständen führt nicht – wie allenthalben gefordert – zu hochwertigen Dienstleistungen, innovativen Produkten und besserem Service für die Kunden, sondern zur Ausbreitung von Armutslöhnen und miesen Arbeitsbedingungen.

Dieses Modell kalkuliert mit den staatlichen Zuschüssen. Dadurch ist ein öffentlich subventioniertes Lohn- und Sozialdumping zulasten aller Beschäftigten des Sektors und auf Kosten der sozialen Sicherungssysteme entstanden, das, wenn ihm nicht Einhalt geboten wird, ungebremst und auf noch höherer Stufenleiter auch auf andere Bereiche übertragen werden soll. Der DGB-Vorsitzende Michael Sommer kritisiert denn auch: »Es ist schon ein Stück aus dem Tollhaus, dass man anständige Mindestlöhne für die Konkurrenz der Post verhindern will, weil sie dann angeblich nicht mehr wettbewerbsfähig wären. Ihr Wettbewerb entsteht nach dieser Logik ergo nur auf Grundlage mieser Arbeitsbedingungen und mieser Bezahlung. Und die soll dann der Staat im Zweifelsfall wieder ausgleichen – siehe Hartz IV. Das hat mit sozialer Marktwirtschaft nichts zu tun. Das ist perverser Kapitalismus.«

Die Diskussion um den Mindestlohn in der Postbranche betrifft nicht nur die Postzusteller. Um deren Einkommen geht es zwar in erster Linie, aber direkt betroffen sind auch alle anderen Steuerzahler, wenn in der Folge staatliche Einnahmen zurückgehen oder fehlen. Steuern und Sozialabgaben richten sich nach der Höhe des Einkommens. Sind die Löhne zu gering, kommt auch weniger Geld in die Kassen der Finanzminister und der Sozialversicherungssysteme. Sind die Lohnzahlungen extrem niedrig, tritt sogar das Gegenteil ein: Verluste statt Überschüssen.

Viele Beschäftigte der neuen Briefdienstleister verdienen so wenig, dass sie Anspruch auf ergänzendes Arbeitslosengeld II haben und beziehen diese Zahlungen auch. In welchem Ausmaß und mit welchen Summen dies zu Lasten aller Steuerzahler geht, lässt sich anhand des Beispiels von zwei gleich alten Postzustellern anschaulich zeigen.

Peter Holler arbeitet seit 20 Jahren als Briefträger bei der Deutschen Post AG. Er ist 41 Jahre alt und verheiratet. Seine Ehefrau ist zu Hause und versorgt das gemeinsame kleine Kind. Peter Holler bekommt jeden Monat einen Betrag von 2.108,94 Euro netto ausbezahlt.

Klaus Bär leistet genau die gleiche Arbeit wie Peter Holler: Auch er stellt Briefe zu. Allerdings ist er nicht für die Post AG unterwegs, sondern arbeitet für einen der neuen privaten Zusteller. Und das bedeutet für ihn einen gewaltigen Unterschied. Sein Stundenlohn beträgt lediglich 4,50 Euro. Das ist noch nicht einmal der niedrigste Satz, der in dieser Branche in strukturschwachen Gegenden mit hoher Arbeitslosigkeit gezahlt wird. Auf das Konto von Klaus Bär wird jeden Monat ein Nettogehalt von insgesamt 1.439,53 Euro überwiesen. Für beinahe die Hälfte dieses mageren Entgelts kommen die Steuerzahler auf.

Peter Holler bekommt von seinem Arbeitgeber, der Post AG, zu seinem Brutto-Grundgehalt von 2.582,09 Euro für sein Kind jeden Monat einen Zuschlag von 102,92 Euro, zudem – weil er seit rund 20 Jahren bei der Post arbeitet – eine »Unkündbarkeitszulage« von 129,10 Euro. Jeder Briefträger hat außerdem Anspruch auf ein tägliches »Latschengeld« von 1,02 Euro. Diese besondere Zulage für Zusteller macht pro Monat noch einmal 22,44 Euro. Zusammengerechnet steht auf der Gehaltsabrechnung von Peter Holler jeden Monat ein Betrag in Höhe von brutto 2.836,55 Euro. All dies garantiert ihm ein Tarifvertrag, den ver.di mit der Deutschen Post AG abgeschlossen hat.

Dank dieses Tarifvertrags hat Peter Holler im Laufe eines Jahres außerdem noch Anspruch auf ein Weihnachtsgeld in Höhe von 2.488,52 Euro und ein Urlaubsgeld in Höhe von 332,34 Euro. Das ganze Jahr betrachtet, kann er über einen monatlichen Bruttolohn von 3.071,62 Euro verfügen.

Dieses Geld wird Peter Holler in dieser Höhe natürlich nicht ausgezahlt, denn von diesem Betrag wird als Lohnsteuer ein Betrag von 291,16 Euro abgezogen und ein Solidaritätszuschlag von 1,90 Euro. Insgesamt sind das Steuern in Höhe von 293,06 Euro. Für die Rentenversicherung von Peter Holler zieht ihm die Gehaltsbuchhaltung der Post 305,63 Euro ab, für die Krankenversicherung 258,02 Euro, für die Arbeitslosenversicherung 64,50 Euro und für die Pflegeversicherung 41,47 Euro, also insgesamt Sozialversicherungsbeiträge in Höhe von 669,62 Euro. Daraus ergibt sich für Peter Holler das auf das Jahr gesehene rechnerische Monatsnettoeinkommen von 2.108,94 Euro. Umgerechnet entspricht dies einem Stundenlohn von 18,35 Euro. Der Arbeitgeber zahlt zusätzlich den Sozialversicherungsbeitrag in gleicher Höhe an die Sozialkassen, sodass aus diesem Arbeitsverhältnis monatlich Sozialabgaben in Höhe von 1.339,24 Euro und Steuern in Höhe von 293,06 Euro in den Topf der Solidargemeinschaft fließen, insgesamt 1.632,30 Euro.

Um das Einkommen von Peter Holler mit dem von Klaus Bär, der bei einem der neuen privaten Zustelldienste beschäftigt ist, zu vergleichen, muss man dessen monatliche Überweisung von 1.439,53 Euro genauso analysieren. Dann wird man schnell feststellen, »dass einige Unternehmer sich ihre Dumpinglöhne durch den Steuerzahler auch noch bezahlen lassen«, wie es Franz Müntefering (SPD), der ehemalige Bundesminister für Arbeit und Soziales, im September 2007 angeprangert hat.

Wie kommt Klaus Bär bei einem Monatsgrundentgelt von brutto 782,64 Euro auf einen Betrag von netto 1.439,53 Euro, der monatlich seinem Konto gutgeschrieben wird?

Er arbeitet 40 Stunden in der Woche, sein Monatsbruttogehalt in Höhe von 782,64 Euro bekommt er ohne Abzüge in voller Höhe ausgezahlt. Dieser Lohn ist so niedrig, dass er davon keinerlei Steuern bezahlen muss. Weihnachts- und Urlaubsgeld, Zuschläge und Zulagen gibt es für ihn nicht, das bezahlt kaum einer der Neuen in dieser Branche. Von seinem Lohn muss er lediglich Sozialversicherungsbeiträge abführen: 77,87 Euro für die Rentenversicherung, 65,74 Euro für die Krankenversicherung, 16,44 Euro für die Arbeitslosenversicherung und 10,87 Euro Pflegeversicherung. Zusammen macht das bei ihm jeden Monat 170,92 Euro, sodass er auf einen monatlichen Nettolohn von 611,72 Euro kommt.

Weil von 611,72 Euro niemand leben, geschweige denn eine Familie ernähren kann, hat Klaus Bär Anspruch auf Unterstützung durch das Arbeitslosengeld II. Dieser Betrag setzt sich aus verschiedenen Einzelposten zusammen und wird kompliziert errechnet: Als erstes wird zunächst der Grundbedarf ermittelt. Das sind für Klaus Bär und seine Frau jeden Monat jeweils 312 Euro. Für ein Kind unter 14 werden 208 Euro dazugerechnet. Dazu kommt ein Mietanteil, der je nach Wohnort unterschiedlich ist. Berlin liegt im Mittelfeld, dort sind es 525 Euro. Daraus ergibt sich ein Grundbedarf von 1.357 Euro. Dieses Geld würde jemand erhalten, der keinerlei Einkünfte hat. Weil Klaus Bär etwas verdient, wird dieses Einkommen nach einem bestimmten Modus wieder in Abzug gebracht. Das Kindergeld in voller Höhe, das Arbeitseinkommen um einen Freibetrag gekürzt. In diesem Beispiel ist der Verdienst 611,72 Euro netto, der Freibetrag, der sich daraus errechnet 236,53 Euro. Nach dieser Formel ergibt sich der monatliche Betrag von 827,81 Euro, den Bär aus dem Topf der Arbeitslosenunterstützung erhält. Zusammen mit der Nettozahlung seines Arbeitgebers bekommt er somit jeden Monat 1.439,53 Euro als verfügbares Einkommen auf seinem Konto gutgeschrieben.

Auch Klaus Bär zahlt Sozialversicherungsbeiträge von seinem Lohn in Höhe von 170,92 Euro. Und auch sein Arbeitgeber, sodass aus diesem Arbeitsverhältnis 341,84 Euro in die öffentlichen Kassen fließen. Aber Klaus Bär muss nicht nur abführen, sondern bekommt gleichzeitig Unterstützungzahlungen von insgesamt 827,81 Euro. Damit wird die billige Arbeitskraft bei dem neuen privaten Zusteller durch die Solidargemeinschaft in diesem Beispiel Monat für Monat mit 485,97 Euro subventioniert. In diesem Fall macht das jedes Jahr mehr als 5.000 Euro aus, Geld, das an anderer Stelle dringend benötigt wird und fehlt. Zur Erinnerung: Peter Holler, der Briefzusteller bei der Post AG, hat monatlich nicht nur mehr Geld zur Verfügung, aus seinem Arbeitsverhältnis fließen zudem 1.632,30 Euro monatlich an die Sozialsysteme und den Staat.

Damit deutlich wird, welche ökonomische und soziale Dimension bei dieser Problematik erreicht wird, braucht man nur einmal folgendes extremes Szenario zu entwickeln und als Rechenbeispiel durchzuspielen: Die Deutsche Post AG beschäftigt im Bereich Brief insgesamt 163.000 Mitarbeiter, davon sind 83.000 Briefzusteller. Wenn sich die Liberalisierer mit ihren niedrigen Stundenlöhnen durchsetzen, hätte das zwangsläufig zur Folge, dass über kurz oder lang auch die Post AG bei ihren Beschäftigten in dieser Gruppe die Stundenlöhne auf dieses niedrige Gehaltsniveau absenkt. Bei diesem – durchaus nicht völlig untypisch extrem niedrigen – Stundenlohn von 4,50 Euro bedeutet das bereits bei dieser relativ kleinen Beschäftigtengruppe einen Einnahmeverlust an Sozialabgaben und Steuern von über drei Milliarden Euro.

Dabei bleibt es aber nicht, denn bei diesem niedrigen Einkommensniveau haben Arbeitnehmer zusätzlich Anspruch auf Unterstützung. In diesem Szenario würde letzteres noch einmal einen Beitrag von beinahe einer Milliarde Euro ausmachen. Die Solidargemeinschaft würde einerseits mit Steuerverlusten und andererseits mit Sozialausgaben von zusammen vier Milliarden Euro belastet.

Dabei sind die Folgen in der Wirtschaft, die durch den Kaufkraftverlust entstehen, noch nicht berücksichtigt. Diese Menschen haben nicht mehr genügend Geld, um es für ihren Lebensunterhalt auszugeben oder sich Anschaffungen zu leisten. Umgekehrt heißt das für die Gesellschaft: Wenn alle Beschäftigten bei den neuen Postanbietern statt Niedriglöhnen eine ordentliche Bezahlung erhalten, fließt mehr Geld in die Sozialtöpfe, gleichzeitig müssen diese Arbeitnehmer und ihre Familien nicht mehr von den anderen mitfinanziert werden. Mehr Einnahmen und weniger Ausgaben heißt erst recht, dass am Ende sogar die Beiträge für alle gesenkt werden könnten.

In diesem Beispiel wurde für Klaus Bär ein Stundenlohn von 4,50 Euro zugrunde gelegt. Nun werden politische Gegner behaupten, dieser Stundenlohn sei viel zu niedrig angesetzt, in vielen Betrieben würde mehr bezahlt. Selbst wenn das zuträfe, würde das Problem und das Dilemma von Niedrigstlöhnen nicht verschwinden, sondern nur die Dimension veränderte sich. Rechnet man das mit höheren Niedriglöhnen durch, kommt dabei heraus, dass erst bei einem Stundenlohn von 11,40 Euro, den ein verheirateter Alleinverdiener mit einem Kind bekommen müsste, Einnahmen und Zuschüsse für die öffentlichen Kassen ausgeglichen wären. Das ist ein Monatsbruttoeinkommen von knapp unter 2.000 Euro. Bei diesem Einkommen ergibt die volkswirtschaftliche Rechnung allerdings immer noch nur ein Nullsummenspiel.

Nach einer Erhebung der Input Consulting GmbH in Stuttgart ist in »keinem anderen Markt ein vergleichbar großer Lohnkostenunterschied zwischen einem dominanten Anbieter und seinen Konkurrenten festzustellen, wie er im deutschen Briefmarkt gegeben ist«. Problematisch ist aus Sicht der Wissenschaftler vor allem der Umstand, »dass die Lizenznehmer ihre Kostenvorteile überwiegend aufgrund der prekären Arbeits- und Einkommensbedingungen ihrer Beschäftigten erreichen können«. Von diesem Verdrängungswettbewerb seien perspektivisch

»auch die Beschäftigten der Deutschen Post AG negativ betroffen«. Gelinge es nicht, »die Verhältnisse bei den Lizenznehmern als bisherigen Profiteuren der Prekarisierung nachhaltig zu verbessern, so bestehe angesichts der ausgeprägten Asymmetrien in puncto Beschäftigungsbedingungen am Briefmarkt die akute Gefahr, dass auch die Standorte bei der Deutschen Post AG unter zunehmenden Absenkungsdruck geraten«. Die Lohnunterschiede führten »zu deutlichen Kostenvorteilen auf Seiten der Lizenznehmer«.

Dass die Löhne im »personalintensiven Briefgeschäft« ein relevanter Kostenfaktor sind, liegt laut Input Consulting »auf der Hand«. So betrage die »Personalintensität« der Deutschen Post AG 54%, d.h. pro einem Euro Umsatz entstünden der Post etwa 54 Cent Personalkosten. Die Sozialforscher von Input kamen zu einem dramatischen Ergebnis. Danach »liegen die durchschnittlichen Löhne und Gehälter der Zustellkräfte bei den neuen Briefdienstleistern in Westdeutschland um 40,9% unter dem Einstiegsgehalt für Briefzusteller bei der Deutschen Post AG, in den neuen Bundesländern rangieren sie sogar um 50,2% unterhalb des Lohnniveaus« der Post.

Eine Voraussetzung für »die Tragfähigkeit des auf prekärer Beschäftigung basierenden Wettbewerbskonzepts der neuen Briefdienstleister« stellen aus Sicht von Input »die staatlichen Transferzahlungen an Niedriglohnbezieher dar, welche bereits de facto im Sinne eines Kombilohnmodells wirken«.

Nach Erkenntnissen des Wirtschaftswissenschaftlers und Mitglieds des Sachverständigenrates zur Begutachtung der gesamtwirtschaftlichen Entwicklung Peter Bofinger gibt es unter den neuen Briefdienstleistern offensichtlich Arbeitgeber, die »bewusst mit dieser Ergänzungsleistung kalkulieren und ihre Löhne entsprechend niedrig halten, weil sie davon ausgehen können, dass jeder geringe Verdienst durch den Staat aufgestockt wird«.

Laut Input kann »kein Zweifel daran bestehen, dass die sukzessive Marktöffnung diese Prekarisierung überhaupt erst ermöglicht hat«. Ohne die Begrenzung der Exklusivlizenz der Deutschen Post AG und des Markteintritts der neuen Anbieter »wären Minijobs, nicht existenzsichernde Einkommen und von betrieblicher Mitbestimmung freie Zonen im Briefmarkt bis heute faktisch wohl kaum existent«.

Dass Arbeitnehmer überhaupt bereit sind, derartige Beschäftigungsverhältnisse einzugehen, liegt nach Erkenntnissen der Sozialwissenschaftler »in der anhaltend hohen Arbeitslosigkeit und den damit verbundenen geringen Chancen, anderweitig Arbeit zu besseren Konditionen zu finden«. Es darf nicht sein, dass Arbeit im Briefmarkt arm macht, Steuerzahler den Lohn für andere Arbeitnehmer bis zur Existenzgrenze aufbessern müssen und Unternehmer daraus noch Gewinne ziehen. Letztlich trägt diese Entwicklung dazu bei, dass auch andere Löhne auf dieses Niveau abgesenkt werden und durch sinkende Kaufkraft andere Bereiche der Wirtschaft darunter leiden. Kann diese Entwicklung nicht gestoppt werden, droht der Briefmarkt endgültig zu einem von prekärer Beschäftigung dominierten Niedriglohnsegment zu verkommen, in dem eine den Lebensunterhalt und die menschliche Würde sichernde Beschäftigung kaum mehr möglich ist. Die Liberalisierung des Briefmarktes hätte dann nicht zu besseren Produkten und Dienstleistungen für die Kunden und Verbraucher geführt, sondern zu Niedrigstlöhnen zulasten der Beschäftigten, zu Lohn- und Sozialdumping. Wie aber bei niedrigsten Einkommen und entwürdigenden Arbeitsbedingungen motiviertere Mitarbeiter und noch stärker kundenorientierte Arbeit entstehen sollen, das bleibt nach wie vor das Geheimnis der neoliberalen Privatisierer.